正义的效益

一场法学与经济学的思辨之旅

熊秉元 著

人民东方出版传媒
東方出版社

推荐序

以较少的成本、更大的财富实践法律正义

台湾大学法律学院名誉教授　王泽鉴

熊秉元教授几年前撰写的《正义的成本：当法律遇上经济学》一书，阐释经济学与法学的关系，对于更新法律教育，开展法律经济学的教学研究，做了奠基性的工作。本书《正义的效益：一场法学与经济学的思辨之旅》在既有的基础上，累积新见，文字依然优雅，方法上再上层楼，内容益为丰富，法律案例的分析甚为透彻，更进一步深化了法律经济学的理论。

本书的重点在于论述经济学上交易成本、财富最大化、外部性等基本概念对法学研究、实践公平正义的功用，并就“买卖不破租赁”（台湾地区“民法”第四二五条）、“果实自落于邻地应否属于邻地所有人”（台湾地区“民法”第七九八条）做了精辟的解说，尤其是以时间差距说明为何要区分物权和债权，最具启发性。值得再深入探究的是法律经济学在法律适用上的实践（包括法律解释及法之续造）。

熊秉元教授再三提出了经济学能否断案的关键问题，并就若干民事案件及刑事案件详为论证。在实务上，以经济效益作为裁判理由，亦属有之，例如在认定侵害他人名誉权阻却违法性的合理查证义务时，法院亦将“查证时间、费用成本”列入考量因素，但多未做深入的分析。法律适用系采三段论的逻辑形式，而以评价为核心，长期以来建立了法律解释方法（文义、历史、体系、规范目的），如何将经济上的成本效益融入根深蒂固的思维方法，特别是运用规范目的的解释，有赖于法学者与经济学者共同努力，相互沟通，建立方法论的共识。熊氏法律经济学提供了一个具有发展性的平台。

值得特别提出的是，熊秉元教授以经济分析的方法，评论大陆学者关于社科法学与教义法学的争议，肯定法教义学（法释义学）与社科法学具有相对关系。前者使日常操作的成本较低，后者有助于对法学有更完整而深入的掌握。面对日新月异的环境，可以从容因应，论述有据。此项卓见，可做进一步的延伸说明。

法学，简单言之，就是法教义学。法教义学具有四个重要功能：一是体系化功能——系统地整理分析现行法的概念及价值体系，并在整体上把握具体规范间的关联，便于讲授、学习及传播。二是稳定功能——为司法实践及特定裁判提出适用的法律见解，期待能够长时间影响同一类型判决，形成普遍实践原则，以强化法院裁判的可预见性及法律安定性。三是减轻论证负担功能——为特定法律问题，提供可供检验、具说服力的解决方案，得以减轻法学研究及法院裁判论证上的负担，不必凡事都要重新讨论。四是修正与更新功能——法教义学所提出的关于法律解释及法律续造的原则，具有调节各个制度发展的作用，但不应拘泥于向来见解。为适应社会变迁，应为深刻的批评创造条件，发现矛盾，解决冲突，探寻符合体系的新的合理解决方法途径，而能有所革新进步。法教义学为法学研究及法律实践，储存多样可供选择的法律见解（信息），开展新的思考方向，体现法学的任务。在台湾地区，对社科法学与教义法学的协力关系，具有一定程度的共识。在中国大陆，社科法学有助于了解变动中的中国社会与法治建设，甚为重要。法教义学建构一个可供实务操作的理论体系，更为迫切。

本书引用理查德·艾伦·波斯纳（Richard Allen Posner）的名言，强调正义的实践需要成本。台湾地区"民法"第二一八条规定："损害非因故意或重大过失所致者，如其赔偿致赔偿义务人之生计有重大影响时，法院得减轻其赔偿金额。"学理上有认为本条规定体现保护赔偿义务人生计的"社会正义"。在实务上，鲜少有适用本条的案例，其理由之一应系法院在个案依职权审究本条的适用时，需要使用有限的司法资源，当事人申请法院减轻赔偿金额时，须负举证责任，成本甚高。法律上许多制度及规定的适用，有待从事实证研究，法律经济学应可提供理论架构及应用方法，而扩大其研究领域。

美国著名的联邦最高法院法官奥利弗·温德尔·霍姆斯（Oliver Wendell Holmes）在二十世纪之初曾特别指出："二十世纪的法律人不是研究白纸黑字的人，必须通晓统计学及经济学，否则将有害于社会。"我早年曾应美国纽约人口局之请，撰写《法律制度与家庭计划》，希望借助成本效益，影响生育行为。

后来因为此项研究计划，我应聘担任“行政院”研究考核委员会委员，委员中有多位著名的经济学者，对任何问题皆能从效率与成本的观点表达意见，令人钦佩。某位担任政府要职的经济学者曾对我说：“学习法律的人，善于解析条文，但对于理解社会问题及公共政策，显有不足。”其后有机会随同当时的“财政部长”李国鼎先生参加1970年在哥本哈根举行的世界银行与国际货币基金组织年会，李先生对我表示：“您担任台湾大学法律系主任，应特别重视法律与经济学的教学研究，培养懂得财经的法律人才，这是台湾未来发展的重要课题。”后台湾大学法律系陆续开设了财经课程（包括“劳工法”“税法”“国际贸易法”“法律会计”等），增设财经法学组，并由熊秉元教授讲授法律经济学的课程，培养兼具法律思维与经济分析能力的法律人，对台湾社会经济发展做出了一定的贡献。

近年来，熊秉元教授在两岸及港澳推广法律经济学，举办各种营队，向下扎根，遍地播种，逐渐开花结果。共同努力，以较低成本强化两岸交流，以最大化的财富来实践法律正义，促进法治的繁荣进步。

老兄，你究竟有几个意思？

浙江大学文科资深教授　史晋川

同秉元兄相识十几年来，陆陆续续读过《正义的成本：当法律遇上经济学》等数部经济学和法律经济学作品。每次阅读时，我的脑海中都会呈现一幅画面：一位潇洒伫立在社会科学群山巅峰的学者，时不时地纵情放声高歌，曲调旋律时而激越高昂，时而悠扬婉转，歌词却翻新不多，大多是成本、效益、理性、效率之类听着耳熟的经济学老词。套用秉元兄经常振振有词地挂在嘴边的“让事实说话”：2014年刚出版了《正义的成本：当法律遇上经济学》，近日又端出一部新著《正义的效益：一场法学与经济学的思辨之旅》。

尽管亚当·斯密的《国富论》同西塞罗的《论法律》相比，差不多要晚十八个世纪才问世，但经济学和法学如今同为社会科学家族的成员，却也是不争的事实。社会科学肯定是要研究社会的，社会原本就是由个人组成的，所以经济学和法学也都要研究社会中个人的意向和行为。记得秉元兄曾在《法学干卿底事?》一文中，谈论到经济学与法学两者成功联姻组建法律经济学这门新学科家庭时，认为两大学科能够喜结良缘的一个重要原因，就是经济学和法学在研究社会中的个人时，对于如何看待作为其研究对象的人，看法上具有很大的相似性。经济学研究中将人视为理性的“经济人”(Economic Man)，并且人也可能由此变得“优雅”(?)；法学研究中有“正常人原则”，也就是说作为法律规范对象的人是“理性的、可以理喻的”(rational and reasonable)。例如，当小女孩拿了妈妈放在家中抽屉里的“漂亮小石头”(钻石耳坠)，同邻家叔叔换了冰激凌吃，妈妈事后上门问邻居索还。经济学家和法学家面对此类交易纠纷，都不会认同这是一桩可以成立的交易，且会分别依据“经济人”和“正常人”原则，提出立约抗辩的理由，认定交易无效。用经济学家的语言说，未具稳定和有序偏好的小女孩，不是一个理性的交易主体；用法学家的话语说，小女孩是无民事行为能力的人，不具备从事交易的资格。

那么，何为理性的人呢？

在经济学家和法学家眼中，理性的人应该是知道自身利益所在的人。理性的人在做决策的时候，通常会权衡利弊，当他通过自己心里的盘算，觉得做一件事情带来的好处大于做这件事情付出的代价时，才会决定去做这件事情；反之，如果觉得不划算，他就会搁置或不做。做一件事情所付出的代价也称成本(cost)，而做事带来的好处谓之收益(benefit，本书标题译作效益)，知道比较成本—收益来做决策的人，就是理性的人。众所周知，成本—收益分析（Cost-Benefit Analysis），正是经济学家用来分析社会经济活动及个人决策或选择行为的“葵花宝典”。秉元兄以经济学家身份跨入法学领域，还时不时地对法学家“指指点点”，所恃者也就是成本—收益分析这套“葵花宝典”。

读完本书，又重新翻阅了《正义的成本：当法律遇上经济学》，合卷稍稍细想，秉元兄在他的著作中，洋洋洒洒数万言，其实共说了两个意思：一是法律本身就是一种人们社会活动中兴利除弊的制度安排。兴利者，增加人们社会活动的收益；除弊者，降低人们社会活动的成本。二是法律制定和实施的目的，依法学家所认定的，就是追求公平正义，但追求公平正义也不是无需代价的，达到公平和实现正义是收益，追求公平正义所付出的代价就是成本。上述两个意思，实际上可以合并为一个相同的意思，因为成本—收益分析说到底就是一句话：“天下没有免费的午餐。”社会经济活动中没有免费的午餐，法律的制定和实施也同样不会有免费的午餐。所以，成本—收益分析并非是经济学家打着“经济学帝国主义”的旗号，硬邦邦地塞进法学的，而是原来就存在于法律之中。秉元兄等经济学家在华丽转身为法律经济学家时，只不过是将成本—收益分析从法学中挖掘出来公开示人而已！

当然，在秉元兄的大作中究竟有几个意思，想必每位读者都会给出自己的答案。

（内人赵红也读过数本秉元兄的经济学散文集，前日经过书房时，瞄了一眼这篇序文，扔出一句话：“你的文采比熊教授差多了，也不好好向人家学学！”答曰：“成本太高，收益不大！”）

目录 Contents

让证据说话，初探、再探和三探，援用经济概念处理实际官司案例。而且，和传统的“三段论”相比，经济学的实证分析，可以使法学理论奠基于花岗岩，而不是流沙之上。

在法学界，教义法学目前还是主流。社科法学提出的挑战，必须能站稳阵脚，才有说服力。三篇关于《民法》《刑法》和《刑事诉讼法》根本问题的讨论，就是由社会科学（特别是经济学）的角度，上穷碧落下黄泉，希望在旧瓶里添上新酒!

自序

弄斧要在班门前

这是我以经济学者的身份为法学界人士所写的第二本书。和第一本《正义的成本：当法律遇上经济学》一样，本书目的在：向法学界的人士引介推广“法律经济学”！法学界人士包括两大类：法学相关人士，主要是法学院和研究单位的师生；司法相关人士，主要是实际从事司法工作的朋友，包括法官、检察官、律师、警察，以及各种监管部门的同仁。

因缘际会，我曾在两岸及港澳的大学里任教，至少在二十所以上的法学院教过“法律经济学”。而且，至少在五十所以上的法学院做过演讲。以下四个经验，约略反映了深浅不同的回响：首先，在江苏苏州的一个法学院里，主持演讲的著名教授表示：“熊教授的演讲很精彩，内容很有启发性。但是，我认为他以很好的演讲技巧，说了不少错误的观念！”其次，在湖北武汉一所名列前茅的法学院，主持的副院长表示：“院里每年有上百场的讲座，这是我听过的最好的一场。”

再次，浙江的一所著名大学，法学院院长曾任大学校长。他表示:“由经济学者阐释法律，过去没有听过。今天听了，觉得很震撼!”最后，一位来自上海的担任大学副校长的法学重量级人物表示:“今晚的讲座非常好，我一定要请熊教授到学校来授课，我的课让他上。”因此，虽然法学界对于“法律经济学”还持相当保留的态度，但根据我个人的经验，一旦接触沟通，往往柳暗花明，美不胜收。

因缘际会，我也曾参与各种培训和推广教育，也至少面对过五十个以上的法院/检察院同仁。而且，2015年6月底，由经济学界朋友和我一同筹划，举办了浙江省金华市的“公检法特别营”，为期六天。这是华人社会里，第一次由经济学者主导，向站在第一线的法官、检察官和警官精英阐释法律经济学。授课的经济学者来自海内外，包括从新加坡飞来提供友情赞助的“快乐教主”黄有光教授。因为成效斐然，2016年3月、5月和9月，我们将再度为法院、检察院的法官、检察官同仁，举办“特别营”。因此，让证据来说话，法律经济学不是学科期刊里的益智游戏，而是能披挂上阵，增强第一线司法同仁武装配备的弹药。

就内容而言，本书的主旨可以分为“实质”和“程序”。抽象来看，程序就是方法论。而方法论上的两点基本立场，卑之无甚高论:第一，让证据说话;第二，先了解社会，再了解法律。实质的论点，也非常具体明确:第一，法律的精神往往不是追求公平正义，而是处理价值冲突;第二，在现代社会里，法律的主要功能已经由“除弊”转向“兴利”。当然，通过书中的材料，可以更完整地体会这四点智慧结晶的内涵和理论基础。就对象而言，这本书的内容更适合具有法律系大二以上基础的读者。而且，如果能和第一本书搭配，对法律的了解将更为全面和深入。对经济分析有兴趣的读者，可以先看《优雅的理性：用经济学的眼光看世界》和《解释的工具：生活中的经济学原理》。这些书的内容深入而浅出，老妪能解。

第一本为法学界人士所写的书《正义的成本：当法律遇上经济学》，于2003年在台湾出版。这本由经济学者阐释法律的书，当年获得台湾地区金鼎奖，是社会科学类唯一获奖的著作。2013年修订后，由台北的商周出版社出版，以“经典重现”再度发行。2014年，简体版首次登陆中国大陆，并由北京的东方出版社发行。除了出现在多个畅销书（法律类）的排行榜，也被选入多种“年度最佳图书”的榜单。在某种意义上，这就是“弄斧要在班门前”——中文世界里，第一本书经过十年以上的考验，历久而弥新。第二本书，希望也是如此。

最后，一个小哉问留给读者：奥运会上的跳高竞赛，剪式被滚式所取代，而滚式又被俯卧式继而被背越式取代。那么，在法学世界里，传统的各种法学理论会不会也被“法律的经济分析”所取代？对于这个问题，这本书里的材料或许能透露几许。直截了当地回答“不会”或者“绝对不会”，是让荷尔蒙说话，而不是让证据说话！

法学界的朋友，盍兴乎来？

2015年11月1日于台北

第一部

法学里，公平正义的字眼朗朗上口；相形之下，财富成本等概念令人困惑，乃至遭到贬抑。然而，利用这些经济学的概念，对真实世界的案例往往可以有更宽广深刻的解读。另一方面，在来回拉扯中，波斯纳的锯子凸显了论事断案的难处，也反映了法学智识上的兴味！

第一章　波斯纳的便士、利齿和锯子

经济学的精髓，在于慧见而非技巧。 ——波斯纳

波斯纳的便士

对世界各地的法律学者和经济学者而言，波斯纳是如雷贯耳式的人物。因为在法学和经济学这两个领域里，他的著作都大有可观。对美国一般民众而言，他也是家喻户晓的学者：他的论文集《跨越法学》（*Overcoming Law*），被《纽约时报书评》选作当年最佳著作之一；美国司法部控告微软公司违反“反垄断法”的官司，双方同意请他担任调解人。

波斯纳原是芝加哥大学法学院的讲座教授，1981 年起担任上诉法院法官之后，依然论述不辍。他兴趣广，不画地自限，笔下处理的问题令人赞叹：《性和理性》（*Sex and Reason*）、《法律与文学》（*Law and Literature*）、《正义的经济分析》（*The Economics of Justice*）、《法律、务实主义和民主》（*Law, Pragmatism and Democracy*）、《解构道德哲学和法学理论的困境》（*The Problematics of Moral and Legal Theory*）、《防范恐怖突袭》（*Preventing Surprise Attacks*）、《反恐》（*Countering Terrorism*）。即使阅读的速度追得上他下笔的速度，他知识的广度和深度也令人望尘莫及、甘拜下风。至少在法学和经济学里，

用大名鼎鼎等词来形容波斯纳，还不足以反映他的才华、生产力，以及（至少）对法学的重大影响。如果诺贝尔奖设有法学这一项，波斯纳几乎可以说是得奖的大热门人选。

波斯纳其人，有诸多逸事传闻。其中一则，可以用“波斯纳的便士”来描述：克里斯托弗·顾里罗（Christopher Gulinello），一位三十出头的年轻人，他在纽约大学读法学院时，波氏到校演讲。现场冠盖云集，自然是一番盛况。演讲和问答、签名等热闹过后，顾里罗走进电梯，没想到里面站了波氏和法学院院长，而且电梯里只有他们三位。更没想到，波氏无意间发现地板上有枚一分钱的硬币；更加没想到，波氏竟然弯腰捡起了这个毫不值钱的硬币。

这下有趣了，波氏由地板上捡了一分钱，怎么办？放进自己的口袋？不可能，传出去还了得！第二天可能就会成为《纽约时报》头版大新闻：“吝啬鬼波斯纳法官。”（Judge Posner the Penny Picker）交给法学院院长？也不成，因为会有点以上对下的味道。三去其二，剩下的就是因缘际会、躬逢其盛的年轻人。波氏转身，把手上的烫手山芋交给他，顾里罗笑着道谢。危机解除，皆大欢喜。事后，顾里罗把这枚硬币裱框起来，挂在墙上，框底有几个小字：“波斯纳的便士。”（Posner's penny）这是我和顾里罗一起午餐时，他说的故事。

波斯纳的利齿

波氏论作甚多，要讨论他的分析方式，可不是件容易的事。然而，有一点倒是清晰可见：他下笔绝不是温良恭俭让，以笔锋常带调侃如刺猬来形容，庶几近之。在他的笔下，不知有多少英雄豪杰遍体鳞伤。两个事例，可以约略看出他的风格。

美国著名的大法官本杰明·内森·卡多佐（Benjamin Nathan Cardozo，1870—1938）终生未娶，他最有名的判例，就是提出"可预见原则"（the foreseeable doctrine）：意外发生，当事人是否要承担责任，以行为时能否预见后果为准。除了判决书，卡多佐也发表许多法学论述。关于卡多佐，波斯纳曾写过一本百来页的小书，探讨卡多佐的论述、判决，以及他经久不衰的令誉。在分析他的法学论述时，波氏提到：卡多佐的论点比文采好。而后，在探讨他笔下的判决书时，波氏反而表示：卡多佐的文采比论点好。这种对比笔法，不是春秋之笔，而是话中有话，寓褒贬于无形。

卡多佐已经辞世，对波氏的臧否无从回应。相形之下，诺贝尔奖得主罗纳德·哈里·科斯（Ronald Harry Coase, 1910—2013）可就有话说了。1994 年前后，波氏和科斯一起参加制度经济学的研讨会，先后做总结性发言。这时候，科斯已经得到诺贝尔奖（1991）。波氏先开口，对科斯的贡献若隐若现地臧否了一番。轮到科斯时，这位 1910 年出生，在英国长大的谦谦君子，却被气得压不住自己的怒气。对于波氏的发言，他是这么说的："波斯纳教授对我的恭维，让我想到这似乎是一条巨蟒，在吞下猎物之前，先在猎物身上慷慨地敷以自己的唾液！”

对于一位年逾八十的英国绅士而言，愤怒之情已经溢于言表，露骨而无遗。然而，科斯心中之怒，显然无可名状，他继续说：“当然，我并不是指波斯纳是一条毒蛇。但是，我也不能说，**这种联想没有在我的脑海里出现过**！”在西方文化里，把人比喻为毒蛇可是极其严重的辞语。能把诺贝尔奖得主这么有身份的人，激怒到如此地步，波氏言辞文笔之利可见一斑。以小见大，数十年来不知有多少英雄豪杰，在波氏的言辞文字下皮开肉绽。

波斯纳的锯子

波斯纳的便士和利齿，是这一章的背景，而不是重点。本章的重点，是波斯纳的锯子！数十年来，波氏笔下的论文、图书、书评、判决，已经超过百万字。他荣任法官前后的文字，本身就是学者探讨的材料。波氏才气纵横，博览典籍，下笔挥洒自如，论述方式当然不限于一二。不过，在他的论述方式里，有一种极其特别、有趣，而且值得细究的笔法，却似乎一直受到忽视。

锯子

在执笔为文时，波斯纳经常采取一种特殊的笔法，一言以蔽之，可以称为“锯齿般”或“锯子般”或“跷跷板式”（see-saw approach）的论述方式——来回拉扯、反复折腾、一高一低、此起彼伏。

锯齿般的论述，基本上是如此展现：对于某一主题，波氏会先阐明一个立场，据理力陈。而后，波氏冷不丁话锋一转："但是""然而""不过""当然，也未必"（英文常用的是 however，或其他的转折语，如 but）。然后，对于完全相反的立场，再步步为营，陈明原委。读者正暗暗击节称赞叫好时，波氏笔锋再变。又是"当然，也未必"，回到原先的立场上，做更深的剖析。思虑更为周密，推理更为曲折。读者自愧弗如，正准备彻底缴械，孰料，再一次"当然，也未必"……

读者的情绪起伏，用惊心动魄来形容，可能稍稍言过其实。但是，情绪复杂，绝对是持平之论。一方面，对于波氏的文笔、巧思、抽丝剥茧的功力，只有赞叹佩服，而且智识上受到启发，眼界大开，充分享受阅读的乐趣。另一方面，不免有几分愤愤不平。天下的道理，都被你道尽，说黑就是黑，说白就是白；指鹿可以为鹿，指马可以为马；白的可以说成黑的，鹿也可以变成马。律师在细节里找魔鬼，法匠玩弄文字于股掌之间，司法操一般人生死大权于一线，不就是这么一回事吗？也就是，在心悦诚服之余，可能是一种不安、敬畏，乃至于排斥。

也许，在分析悬疑难决的官司时，波氏不知不觉、不由自主、不假思索、不明就里而福至心灵地，发展出这种特殊的笔法。一经点明，卑之无甚高论。然而，经过波氏魔术般的挥洒，成果斐然，除了自娱娱人，也已经成为他独树一帜的春秋笔法！

科斯和贝克

波斯纳锯齿式的论述，一点就明。这种论述方式的好坏高下如何，当然要经过一番比较。远的不论，就以他的挚友盖瑞·史丹利·贝克 (Gary Stanley Becker, 1930—2014）和畏友科斯为例。两位都是诺贝尔奖得主，也都是文采斐然的好手。科斯笔下常用的技巧，可以称为“基准点分析法”（benchmark approach）——当初我撰成一篇论文，用的是“基准点比较分析法”（benchmark and comparison approach），寄请波斯纳指正，他回信中用的是简洁的“基准点分析法”。原因很简单，基准点本身就隐含比较。也就是说在论述时，先标明一个基准点，这个基准点简单明确，众所周知。而后，再以这个基准点为参考坐标，描述真正要探讨的事项。

在 1937 年的论文里，科斯是以“利用市场”为基准点，分析“成立公司”是否更有效率。在 1960 年的论文里，他则是以“零交易成本的世界”为基准点，探讨“交易成本为正的世界”里，权利如何界定较好。相形之下，贝克的“极大化分析法”（the maximization approach）由三个概念组成：稳定的偏好、极大化和均衡。借着不留情和不眨眼般的努力，贝克改变了社会学和法学等领域的风貌。

无论是科斯的基准点、贝克的极大化还是波斯纳的锯子，三者都是具体明确、人人可用的分析方法。在经济学里，虽然贝克的方法可以算是正统和主流，但在适用范围和老妪能解的程度上，科斯的分析技巧要略胜一筹。至于波斯纳锯齿状的论述，观念上简单，但要能灵活运用，要能来回自如、论述有据，可能就不是一般社会大众轻易可及的了。

镁光灯下的锯子

关于波斯纳的锯子，值得做进一步的斟酌。由不同的角度架设镁光灯，希望能烘托出这把锯子的多个面向。

首先，这把锯子的特色如何？社会科学里，论述的方式很多：方程式、图形、表格等。波氏为数甚多的著述里，绝大多数是用文字，而不是借助其他的方式。物理上有一维、二维（平面）和三维（立体），表达的媒介上，也是如此。文字，是一维的媒介，能同时传达的讯息只是线性的，先天上受到限制。波斯纳锯齿状的论述方式，为单维叙述带来变化，字里行间，更有起伏和变化，可以说挣脱了一维的束缚。还有，就文字叙述而言，考虑成本效益（利弊得失）时，通常的做法是分成两段：第一段把利益好处逐条列举，然后再把成本弊端表明对照。对读者而言，平铺直叙简单明确，但在阅读效果、刺激思维、感官变化上，当然远远不及来回驰骋、锯齿式的文字表达。

其次，论述时，波氏为什么会对“锯子”情有独钟呢？可能有几点原因：波氏大学时主修（英美）文学，又天资聪颖，博览群籍。对于各种典故，顺手拈来。在阅读或下笔中，他不自觉地摸索出这种行文方式。还有，身为法律学者，笔下关心的多为案例。官司中两造的利益，彼此的是非曲直，本来就是一种公说公有理、此起彼落的状态。借着锯齿式、一再来回的斟酌，波氏把官司的各个层面，生动而深刻地工笔勾勒。当然，更可能的，是波氏的笔法反映了一个负责的法官在面对案件时，深思熟虑和琢磨的过程。或许，他提醒了所有的法律工作／法学研究者，理未易明，要反复推敲，究其精致。

换句话说，在别的领域里，锯齿式论述未必适切合宜。然而，在法学领域里，官司是千百年来法学研究的重心。两造之间的得失，特别是一些历史名案，吸引世世代代的法学精英。天平两端，到底哪边轻哪边重，就看两边各有多少的砝码。与其一次把全部的砝码放上，不如考虑两边各自的权重，然后逐渐、来回地添增重量。当然，真实世界里的天平，结果如何一目了然。法庭里，天平就在法官的心中，看不到摸不着。法官的心向哪一边，哪一边的重量就可以扩大增加。最后的取舍，其实是取决于法官的一念之间。在某种意义上，这也反映了司法的不确定性——法院、法庭、法官、法律似乎透露出精确公正的外观，是社会最后的长城，是人心之所系；实情却是，司法的运作并不精确，法官的判决未必可靠。否则，为什么不是一审定谳，而要三级三审（二审终审）。还有，波斯纳引述的名言："（美国）最高法院的判决是终极的，并不是因为这些判决都是对的，而是因为这些判决是终极的。"（Decisions by the Supreme Court are final not because they are right but because they are final.）如果在最高法院之上，再设一个超级法院，很多最高法院的判决，想必会被超级法院所推翻。或许，波斯纳锯齿式的论述，在不经意之间，透露出司法运作的局限和无奈？！

最后，波斯纳挥洒自如的锯子，算是经济分析吗？直觉上看，锯齿式论述，只是一种行文的技巧，人人可用，算不上是经济分析。当然，也未必——经济分析的行为理论，就是探讨人在做决策时的取舍。斟酌损益，就是来回考虑、左思右想的过程，锯齿式论述，反映行为理论，毫无疑问。然而，也未必——经济分析的行为理论，是对人的行为做平实精确的描述，然后在这个基础上，探讨群体的互动。锯齿式的思维，不能算是完整的行为理论。然而，也未必——以小见大，锯齿式思维／论述，不只是反映一般人行为上的考量，也是企业家／厂商决策时的典型作为。而且，就群体或社会整体而言，行动的轴线也往往是进进退退、起起伏伏，和锯齿式论述若合符节。更重要的是，锯齿式论述是有效的叙述方式。经济分析，一言以蔽之，就是探讨效率。因此，锯齿式论述符合经济分析的精神，而且丝丝入扣。

结论

这一章的男主角是波斯纳，主要内容是他的分析技巧（之一），无论是文章的叙述方式还是材料，似乎都是稗官野史，嬉笑怒骂，言不及义者居多。当然，未必。2013 年 9 月间，芝加哥大学法学院科斯·桑多尔法律经济学中心（Coase-Sandor Institute for Law and Economics）主任欧姆瑞·本－沙哈尔教授（Omri Ben-Shahar）到中国大陆访问，他到杭州的浙江大学时，我们在西湖边上的餐厅碰面，寒暄之外，主要是讨论可能的合作事项。

杯觥交错间，他提到自己由密歇根大学转任芝加哥大学，可以清楚感觉到两所著名大学法学院的差别。在密歇根大学法学院，论文要写得方正完整，面面俱到。然而，在芝加哥大学法学院，重视的是慧见——波斯纳的名言之一，就是："经济学的精髓，在于慧见而非技巧。"（The heart of economics is insight rather than technique.）我闻言，就简单描述一下"波斯纳的锯子"，希望将来有机会着手撰成论文。他听了眼睛一亮，立刻表示：这就是芝加哥大学法学院的特色，掌握了有一得之愚的慧见。他还提到，事实上，现在有计算机软件，可以核算整本书里的遣词用字，如莎士比亚的剧作，就已经被巨细靡遗地分析过。因此，这一章的体裁，或许不像一般的学术论文。然而，在性质上，却是不折不扣的学术探索，在智识上有新见。至于由芝加哥风格走向密歇根风格，提出完整扎实的材料，让（更多的）证据说话，显然还需要一点时间的酝酿。

参考书目

① Hsiung, Bingyuan, "A Methodological Comparison of Ronald Coase and Gary Becker", *American Law and Economics Review*, 3(1): 186–198, 2001.

② Hsiung, Bingyuan, "Benchmarks and Economic Analysis", *Review of Law and Economics*, 5(1): 75–99, 2009.

③ Posner, Richard A., *Cardozo*, Chicago: University of Chicago Press, 1990.

④ Samuels, Warren J., and Mercuro, Nicholas, "Posnerian Law and Economics on the Bench", *International Review of Law and Economics*, 4(2): 107–130, 1984.

第二章　蜜蜂的故事——现代版

先了解社会，才能了解正义，也才能了解法律。

蜜蜂的神话

2014 年 10 月 15 日，退休而靠养蜂为生的张某，神色气愤地到浙江杭州建德的三都派出所举报另一位养蜂人。后者所养的**意大利蜂**，不仅偷了他两箱蜂蜜，还咬死了不少他所养的**中华蜂**。意大利蜂体型较大，蜂蜜产量较高。张某赖以为生的蜜蜂和蜂蜜受到不法侵害，于是他报警处理。报纸报道下的标题是《蜜蜂是小偷》《土蜂洋蜂大战》。大千世界里的社会万象，这又是浓淡之间的一笔。然而，在学术上，蜜蜂的意义却重要得多。

在经济学里，《蜜蜂的神话》（*The Fable of the Bees*）有一席之地，是张五常的成名作之一。他所戳破的神话，是更早由詹姆斯·爱德华·米德（James Edward Meade, 1907—1995）所埋下的伏笔。经济学里一直有种看法，认为“私人”和“社会”（公共）之间，是彼此对立的。米德福至心灵，以蜜蜂为例：如果有更多的蜜蜂传播花粉，种苹果的果农当然也愿意付出更多的人力物力，希望增加苹果的产量。可是，没有蜜蜂的市场，是不折不扣的**市场失灵**。1972 年前后，张五常刚好在美国西北部的华盛顿州，当地盛产苹果。他收集了当地养蜂人和果农之间的契约，让证据来说话。这表明了不辨菽麦的经济学者，在思想上想当然的论述，徒然是想当然耳、自愚娱人！

对于经济学者，蜜蜂的神话和反神话，当然很有教育意义。然而，当代版的“蜜蜂故事”，诉求的对象不再是经济学者，而是法律学者。具体而言，民警听了养蜂人张某（中华蜂）的诉苦之后，直接认定另外一位养蜂人（意大利蜂）行为不当。另一位养蜂人也认错道歉，答应移往他处。在这个摩擦里，中华蜂和意大利蜂之争，似乎就此落幕。然而，对法律学者而言，以小见大，至少有几个问题值得思索：首先，意大利蜂入侵中华蜂，是犯错了吗？其次，判断对错是非的尺度，到底为何？再次，土洋之争所涉及的法律问题，是否适用于其他类似的冲突（新旧之争）？还有，在法学方法论的层次上，琢磨价值冲突本来就是常态，那么，哪种论述方式最平实而有说服力？

因此，现代版的“蜜蜂故事”所引申的问题，旨趣和焦点所在，不再是经济问题／经济学者，而是法学问题／法律学者。本章将以中华蜂和意大利蜂之争为缘起，以小见大，处理不同层次的法学问题。希望现代版的“蜜蜂故事”，能对法学论述添增一些新意。

建构理论——第一步

针对上述所提出的问题，本章将循序渐进，依次处理。在这一节里，将先初步建构理论，下一节，则是介绍经济分析的相关概念，而后再做理论上的联结。

三个故事

理论的背后，往往有真实的情节。而生动的情节，往往有助于画龙点睛、一针见血地勾勒出理论的精髓。牛顿的苹果和地心引力，是经典中的经典。在许多人类学和法律人类学的文献里，都有大量资料，生动描述在不同的自然和人文条件下，各社会发展出各式各样的律法（彼此相处的游戏规则）。这一小节里，将先简单地描述三个故事，再由故事中提炼出理论上的意义。

第一个故事和爱斯基摩人有关。美国人类学家琼·L. 布里格斯（Jean L. Briggs）前后花了十八个月的时间与北极地区爱斯基摩人相处。实地调查后，完成她的博士论文，并以《绝不动怒》（*Never in Anger*）为名出版。全书有四百余页，但内容可以由书名一语道尽。作者发现，这一群约二十人上下的爱斯基摩人，分三四个家庭一起生活，共同行动。他们之间也有亲疏远近，家庭之内也有扞格摩擦。可是，他们彼此绝不口角动气，更遑论肢体冲突。即使小朋友哭闹，大人也绝不厉言动手，而是以缓和婉转的方式转移小朋友的不愉。这种现象表示，抽象来说，这群人相处的游戏规则是彼此不生气。换一种描述的方式：在经年累月的共同生活里，这些人彼此之间，没有“生气的权利”！

第二个故事是经济学里的经典之一。哈罗德·德姆塞茨（Harold Demsetz）的论文描述了财产权的发轫。在美国与加拿大边境的地区，印第安人自古以捕捉水狸为常，水狸的皮毛可以制作皮衣皮靴等。印第安人往往逐水草而居、捕猎游牧，而不是定居某地，所以他们对于狩猎区域一向没有明确的划分，部落之间倒也相安无事。然而，自从欧美航道开辟之后，北美的毛皮在欧洲大受欢迎，因此印第安人大肆捕捉水狸，部落之间利益直接冲突，以致大动干戈，所在多有。这时候部落之间才慢慢发展出游戏规则：对特定地区，哪个部落在哪个季节，享有捕捉水狸的权利。

第三个故事和日本的温泉有关。作者马克·拉姆塞耶（Mark Ramseyer）是赫赫有名的日本通。城崎地区（Kinosaki）是一个滨海的社区，以温泉著名，据说在公元七世纪时，一位年迈多病的日本天皇曾经造访此地。

20 世纪初，当地居民约 2300 人，有六座天然温泉，都开放给公众使用，当地居民还开了六十家旅馆接待游客。1910 年，铁路网及于城崎，游客人数大增。都会区来的人偏好隐私，而为了满足他们的偏好，新的旅馆就开凿管线，把温泉直接引入客房。当新的旅馆愈来愈多时，六座公共温泉里的水慢慢减少，甚至枯竭，原来那六十家老式旅社仰赖公共温泉，生意当然大受影响。权益受损的居民，控告新旅馆私引温泉是违法的。官司结果，新旅馆胜诉。因此，新的旅馆继续兴建，也继续把温泉引入客房里。城崎愈来愈繁荣，截至 1960 年，每年接待游客已经高达五十万人。

理论

由上面三个真实世界里的“故事”，可以提炼出理论上两点重要的体会，分别涉及权利的由来，以及权利的性质。首先，三个故事都隐含了人际互动时，彼此的权益发生了重叠和冲突。**一旦彼此的利益重叠和冲突，才有界定权利的必要**。如果只是重叠，但是没有冲突，就无须耗费精神／资源去界定权利。譬如，两人相近，所呼吸的空气有重叠，但是一般情况下不冲突，因此无须界定呼吸空气的权利。德姆塞茨所描述的，水狸的捕猎范围原先是公共领域，但是随着大西洋通航，皮毛价值上升，不同族群的权利有了明显的冲突和抵触。同样的，拉姆塞耶描述的温泉用水，公共浴池和私人浴池也是直接的冲突。在这种情形下，才值得界定权利／产权。

其次，财产权通常涉及有形的土地、房舍、皮毛、温泉等，权利则往往范围更广泛，包含行为上的取舍空间。然而，抽象来看，财产权只是权利的一种。德姆塞茨的论文，如果把标题中的“财产”两字去掉，论述一样成立。也就是说，他所尝试提供的，是关于“权利”的一种理论。他以生动的实例，描绘了权利的发轫。权利，不是来自哲王圣贤的教诲，更不是来自上苍的赋予。平实而言，权利是当彼此的权益发生重叠和冲突时，人们所发展出的游戏规则。权利的产生是为了解决问题，是一种工具性的措施，具有功能性的内涵！

换一种说法，**权利的来源并非是“天赋人权”，而是“人赋人权”**。彼此利害与共、休戚相关的人们，摸索出一套游戏规则，界定了彼此的权利。目的不是为了荣耀上苍，而是自求多福。追根究底，是希望在面对大自然的考验时，能增加存活和繁衍的概率——在北极地区，以小群体（而不是大阵仗）活动，本身就是在降低行动和存活的成本，小群体内若彼此动怒，将增加决裂的风险。当生存环境的条件恶劣时，万物之灵发展出的游戏规则（权利结构），就是没有动怒的条件——因为动怒太奢侈了！

建构理论——第二步

利用三个故事（真实世界里的情节），上一节归纳出权利的源起和性质。在这一节里，则将正式引入经济分析的概念。结合这两节的理论框架，就可以回到蜜蜂的问题上。

外部性和社会价值

用最晓白的文字来表示，经济分析中的“**外部性**”（externality）指的是：一个人的行为对其他人造成的影响。二手烟/二手香水、广场舞的音乐、炸鱼薯条店搬进住宅区、上游工厂排放的污水等，都是俯首可拾的例子。造成外部性的主体，不一定是“人”，也可能是其他的行为者；受影响的也不一定是“人”，也可能是其他的载体。关于外部性的概念，有两点值得阐明。第一，情人眼中出西施，仇人眼中长刺猬。外部性本身是一个中性的概念，可正可负，或美或丑。价值是主观的，外部性产生的效果，也是主观的。第二，人际互动中，外部性无所不在。法律所处理的，通常是较大的、负的外部性。譬如，餐厅里的大声喧哗，法律可能不处理；夜深人静时大声播放热门音乐等，法律就会介入。

第二个经济分析的概念，是社会价值（social value）。个人和社会，家庭和国家，都是对立的概念，隐含个人和整体、微观（micro）和宏观（macro）的差别和对比。在分析公共政策时，经济学者常援用"社会福利函数"（social welfare function）的概念：由决策者的角度考虑，采取哪种措施，可以添增社会整体的福祉。社会福利的概念，其实就呼应科斯所提的"社会产值极大"（maximize the value of social production），而且，也呼应波斯纳惊世骇俗、令人侧目的"财富极大"（wealth maximization）。对一般人而言，可能不容易理解或认可；对于经济学者而言，这些概念只是工具，用来分析超越个人、整体层次上的问题。

联结法学

对于处理法学问题，外部性和社会价值这两个概念都有很大的帮助。具体而言，外部性提供了一个清晰的概念，描述法律出现的原由：当一个人的行为给其他人带来大的负外部性时，法律通常会介入。法律介入，通常就隐含着对权利的界定，谁有没有某种权利采取某种行为。因此，外部性的概念，呼应了前面对权利的解释，等于是为权利的出现，提供了第二种、平行的描述方式。也就是，当彼此权利发生重叠和冲突时，就意味着有负的外部性。对于外部性的分析，经济学的文献里有丰富而完整的材料，包括各种实证资料。因此，利用一个简洁的概念（外部性），以及背后所累积的智慧结晶，法学研究便有可观的数据库。

另一方面，分析法学问题时，社会价值的思维，也提供了一个不同但明确有效的参考坐标。传统法学思维通常是在“基本人权”的基础上，针对当事人的权益比较权衡。抽象来看，这是一种由下而上的分析方式：在基础已定的前提下，探讨权益冲突。然而，工业革命和都市化之后，现代社会所面临的问题，往往不再是个人与个人之间的权益冲突，而是涉及群体和社会等。这时候，援用基本人权为基础，可能捉襟见肘。

相反，如果采取由上而下的方式，站在社会整体的角度斟酌，反而可能一目了然，豁然开朗。譬如，对于林业和自然资源、农地开放、区域开发等，在思维上不容易和个人权益联结，而由社会福利、财富极大等角度着眼，可能有较清楚的脉络。至少，和“基本人权”相比，“社会价值”提供了另一个参考坐标；在分析问题的工具箱里，多了一个明确的工具。而且，抽象来看，经济里宏观经济学的丰富内容，就是由社会整体的角度处理资源运用（价值冲突）的问题。无论在分析工具还是实质内容上，都有太多可以为法学研究所援引和运用。

土洋蜜蜂之争

关于中华蜂和意大利蜂的倾轧，可以从很多方面来考虑。首先，土蜂（中华蜂）已经饲养多年，经过长时间实质的占有，本身即有存活的正当性。一旦面临入侵，包括被意大利蜂螯咬致死和盗走蜂蜜——如果能有效证明，因果关系确实成立——饲主有权要求赔偿，也值得要求意大利蜂的饲养者离开。事实上，这正是派出所警察做出的处置！

在这起个案之外，还可以由“物种入侵”的角度，评估土蜂洋蜂之争。根据研究，意大利蜂一旦取代土蜂之后，对于生态将带来不利的影响。乔木等植物生长速度将减缓。而且，土蜂繁衍不易，逐渐消失，不利于物种的多样性。当然，如果再稍做渲染，中华蜂和意大利蜂之争，可以上升到土洋之争，可以涉及民族自尊、救亡图存等价值。

然而，相对于这些言之成理的考虑，蜜蜂的故事可以有不同的解读。天平的两边，分别是土蜂和洋蜂，两边砝码的增减，都值得仔细斟酌。首先，科斯在1960年的经典论文里明确指出：一件事的双方，往往互为因果。意大利蜂入侵，使中华蜂灭绝，意大利蜂入侵是“因”，中华蜂覆灭是“果”，这是一种描述方式。另一种描述方式，是中华蜂体质较弱，因此被意大利蜂所取代，中华蜂弱是“因”，被意大利蜂取代是“果”。对于土洋之争的是非，单单以“原先就存在”（中华蜂）这一点，并没太强的说服力。

既然双方的行为互为因果，就需要援引其他的参考坐标作为评估判断的尺度。两个相关的概念自然浮现：首先，是“自由竞争”。在开放平等的环境里，大家自由竞争，谁能通过考验，存活下来，谁就自然而然取得存在的权利。对人类而言如此，对自然界（蜜蜂）而言也是如此。类似的例子不胜枚举：三轮车取代了人力车，出租车又取代了三轮车；台湾日月潭和杭州西湖边的代客照相，几乎完全被人人都有的手机摄影所取代；麦当劳等速食店，取代了众多传统餐饮；方便面取代了传统擀面；卡通取代了漫画。社会往前进化是常态，过程中必然是新的抬头，旧的消逝。因此，略去含有价值判断和民族尊严的字眼，如土洋（鳖、龟、蜜蜂）等，意大利蜂通过竞争而逐渐成为主流，本身并没有可议之处。

第二个相关的概念，是“社会价值（产值）”。社会价值和自由竞争相关，经过自由竞争，能存活下来的，必然是人们觉得较好的，也就是人们愿意从口袋里多掏点钱出来的东西。当然，这是大多数情形，也有例外，譬如“劣币驱逐良币”的低度均衡。日本城崎温泉的例子，很有参考价值，也很有启发性。日本法院当然可以判决：维持传统，只能在公共温泉里泡澡，不能把温泉引入旅馆，在房间里使用！然而，法院所选择的，是另外一种游戏规则。结果，传统旅店式微乃至消失，新式旅馆大量扩充，观光客也大幅增加，当地经济迥异于过去。同样的道理，社会也可以选择维持传统，保护人力车／三轮车、代客摄影，禁止方便面等。进展与停滞，不是一线之隔，而是一念之间。

当然，在蜜蜂的事例里，除了土洋之争本身，也涉及更广泛的生态问题。意大利蜂对乔木等植物的生长有不利的影响。由生态保护的观点，意大利蜂入侵可能有很不利的后果。然而，这种观点是把问题的焦点扩大，在较广泛的范围、较高的层次上，评估土蜂洋蜂之争，其本身当然值得肯定。可是，这也正反映了，在养蜂户之间论证义务权利（由下而上），并不足以处理问题的全貌。由社会价值（产值）的观点（由上而下），才能做完整适切的取舍。而这种援用社会整体指标的分析方式，可以说正是传统教义法学的软肋之一。

延伸讨论

意大利蜂和土蜂这个新闻事件，除了对于案件本身的斟酌，还可以引发进一步的思维。案件本身以及抽象的法理学，都值得再做思量。

关于蜜蜂

针对土蜂洋蜂之争，至少有三点值得再做阐释。

第一，如果这个官司在法院里出现，如果法院又裁决意大利蜂有合法生存竞争的权利——其实主要是养蜂人的权利——那么，两个显而易见的问题自然呈现：一方面，中华蜂（土蜂）的养蜂人，立刻面对无以为继、被淘汰出局的命运，这和法院无关，但是公共政策可能就要接手。借着各种辅导措施（驯养意大利蜂或转业等），让产业转型的阵痛愈小愈好。另一方面，如果

"物种多样化"本身是值得追求的目标，那么政策上可以有双轨制：一般环境里，容许意大利蜂自由竞争，适者生存。但是，在自然保育区，借着分隔的方式，让中华蜂也有存活的空间。前者，权利通过市场自由竞争；后者，则必须依赖公共部门以政策预算来支援。

第二，由土蜂洋蜂之争以小见大，社会所容许的竞争界限到底何在？无论答案如何，更重要的是：思维和分析问题的方式为何？现代社会里，外部性无所不在，每个人的行为都会直接或间接地对别人产生影响。哪些是法律（社会）可堪容忍和负荷的，哪些又是被游戏规则所排除在外的？传统法学动辄援引"请求权"的概念。然而，追根究底，这是一种"锯齿式"的论述方式：先设定某种先验存在的权利，然后再检验手中的案例。可是，更为根本、更为有挑战性、对法学教育更为重要的问题是：**"请求权"由何而来？**如果没有一套好的分析工具，如何自圆其说，又如何面对变动不居、日新月异的后网络时代？

第三，把问题的抽象程度再往上提一个刻度，就涉及人（和动植物）的基本权利。有关请求权的基础，传统法学几乎必然会溯及天赋人权和自然法学说。然而，听起来庄严神圣，说起来虎虎生风，一旦落实到具体问题上，却往往捉襟见肘、窘态毕露！为了限制车辆数增长，很多大城市采取"抽签买车"的做法。抽中了签，才能去买车，申请牌照。试问，这种做法如何由天赋人权或自然法来合理化？如果有人质问，为什么抽中签才能买车？为什么不能买辆车放在院子里欣赏？如何处理？

显然，不由基本权利、天赋人权和自然法的角度，而由外部性和社会价值的角度去看，更能体会和解释现代社会的诸多现象。而且，经济分析包含各种实际资料，可以评估权益冲突（外部性）所涉及的范围和规模，足以提供公共政策和设计法律所需的依恃！舍此不取，高举天赋人权和自然法的大纛，能解决实际问题吗？能抓老鼠的，才是好猫。天赋人权和自然法学说，能抓得住老鼠吗？

关于法学

这一章的源起，是几则新闻报道。由土蜂洋蜂的故事，引发一连串对法学问题的思索。借着三个真实世界的事例，衬托出权利的来源和性质。而后，借着外部性和社会价值这两个概念，再一次描绘权利的来源：当外部性是负的且影响较大，法律就可能介入。在另外一条轴线上，则是追究思索权利问题的参考坐标。以天赋人权为基准点，是由下而上的方式；以社会价值（产值）为基准点，是由上而下的方式。在处理很多问题时，以整体的社会价值／社会产值／财富极大为参考坐标，往往反而脉络清晰可循。

虽然没有一再强调，但文中也点明：本章的论述方式，是实证而不是规范。而且，从头至尾都是直接间接地援用成本效益分析。只不过成本和效益的概念，是以隐晦或间接的方式出现。由此，也可以顺便澄清一个常有的误解：经济分析（特别是成本效益分析）只能适用在立法阶段，而不适用于司法阶段。在司法阶段，法律条文已定，只有解释的问题，而没有成本效益考虑和取舍的空间。其实，即使法律条文已定，解释时是往左还是往右、是紧还是松、是适用还是不适，每一个环节，不都要斟酌取舍？而思索时对利弊得失的思量，不就是道道地地、不折不扣的成本效益分析吗？否则，试问要如何比较良莠高下，难道靠丢铜板或烧龟甲吗？

最后，也是较抽象的一点：无论是天赋人权还是自然法的传统，都不自觉地诉诸一种“正义”的理念。法律的主要功能，就是在实现正义。然而，追根究底，“正义”这个概念本身，又是由何而来？难道是由上苍揭示，或由哲王圣贤所赋予？本章所采取的实证论述方式，事实上揭橥了“正义”这个概念的来龙去脉。与权利的来源和演化一样，“正义”这个概念也是人类社会实际生活经验的产物。正义的内涵，是由许多因素充填而成。当环境里的条件改变时，正义就可能被缓慢地充填新的内涵。日本城崎地区温泉的水权，是生动鲜活的例子！土蜂洋蜂、传统相机和手机摄影、人力车／三轮车／出租车等所涉及的问题，以及较好的取舍之道，也都有异曲同工之妙。因此，如本章标题下的引句：先要了解社会，才能了解正义，也才能了解法律！

结论

虽小道，必有可观者也。由苹果掉到头上（？），牛顿琢磨出地心引力；由豌豆为什么长不出花生，孟德尔追溯出遗传基因的秘密。常人眼中不起眼的小事，却可能引出学理上重要的发现。

对经济学（者）而言，蜜蜂的故事是有趣而有启发性的一页。蜜蜂故事的现代版，主要是在法学的场域里着墨。稍稍回顾，这一章有几点值得强调。意大利蜂侵犯中华蜂，谁是谁非，传统法学以"请求权"来认定。谁有法定的请求权，就能据以主张权利。然而，请求权不是由天而降，本身必须先澄清。在界定请求权（产权/权利）时，法学界习惯以天赋人权或自然法为依恃。然而，这种由下而上的思维方式，未必合于情理。由社会价值（社会产值/财富极大）的角度着眼，反而容易有清晰的脉络。追究到极致，权利的界定，长远来看，最好能使社会的资源愈来愈多，资源愈丰饶，人的尊严愈容易得到支撑！

另一方面，在方法论上，天赋人权和自然法的理论，本质上是一种规范式论述，诉诸论者的**信念**。相对地，本章采取经济分析的主流见解，由实证的角度来论述。一切描述和推论，不是立基于信念，而是立基于**事实**。也就是，让证据说话，一切自明（Let the evidence speak for itself）。虽然对法学而言，证据无比重要，然而，至少在权利的来源和基础上，法学界的主流意见不是让证据说话，而是让信念统摄。在理论的战场上，以信念为基础和以事实为基础，哪一种更扎实、更有说服力？无需外而求也，牛顿和孟德尔的例子，足以说明泰半——再次让证据说话！

最后，比较抽象，但也比较重要的一点：当彼此权益冲突而引发官司时，法律学者不由自主地诉诸"公平正义"。然而，本章的论述表明，"正义"其实本身也是被雕塑而成的一个概念。正义的概念普遍存在于古今中外的社会里，然而，正义的实质内涵会受到各个社会自然和人文条件的影响，是被充填而成的。正义演化的轨迹，呼应了人类社会演化的经验。正义看似信念，其实是以事实为基础。

也许，蜜蜂的故事不只对经济学者有所启示，对于法律学者而言也有参考的价值。

参考书目

① Briggs, J. L., *Never in Anger: Portrait of an Eskimo Family*, Cambridge, US: Harvard University Press, 1970.

② Cheung, S. N. S., "Fable of the Bees：An Economic Investigation"，*Journal of Law & Economics*, 16: 11–34, 1973.

③ Coase, Ronald H., "The Problem of Social Cost"，*Journal of Law & Economics*, 3：1–69, 1960.

④ Ramseyer, J. Mark., *Odd Markets in Japanese History*, Cambridge, UK: Cambridge University, 2008.

第三章　“最小防范成本”的曲折

对正义的追求，不能无视于代价。——波斯纳

成本的身影无所不在

“最小防范成本原则”（the least-cost avoider doctrine, the cheapest avoider doctrine）是英美习惯法里的概念，主要是处理侵权法（tort law）和合同法（contract law）里的问题。在大陆法系里，主流法学中并没有类似的概念。

观念上，最小防范成本很简单，也符合直觉和常情常理：对于意外或过失，谁能以较低的成本防范，谁就承担这个责任。逻辑上，这是一个由“实然”到“规范”的法原则。实际的做法上或行规里，会发展出你知我知、彼此共同接受的做法，因此，立法或法院判决时，也就“应该”采取这种立场。原因很简单，根据这种原则界定权利和责任，对双方都好。简单的一个例子，约略可以反映这个原则的内涵：牵狗散步，为狗套上一个口罩，成本很低，可以有效地防范狗咬伤人；相对的，狗不戴口罩，而要所有其他人小心被狗咬伤，成本可观。因此，一般情况下，若狗咬伤人，是狗主人的过失，要承担责任。

这一章的主旨，就是在大陆法系的法制里，阐释“最小防范成本原则”的意义。论述将分成几个层次，循序渐进。首先，列

举一些具体的案例，衬托出这个原则的意义，并把这个原则抽象化，扩充引申到侵权和契约之外的范围里。其次，针对这个原则，再进一步精致，由“最小防范成本原则”凝结为“**最小成本原则**”，希望能烘托出“成本”这个概念在大陆法系里无所不在的踪影。再次，成本的反面（镜中的反射），就是效益，由“成本最小”，可以联结到“财富极大”。经由这种联结，或许可以阐明，波斯纳法官“财富极大”的主张，并不是奇谈怪论或怪力乱神。而后，一旦建立起成本和效益（财富）的关联，就可以论证：和英美法系一样，在大陆法系里，“成本效益”分析一样有相当的解释力。不只在立法上如此，在司法实务上也是如此，或更是如此。最后，在方法论上，解释成本效益分析对法学研究的意义。

本章探讨的内涵，至少有两点值得稍稍强调。一方面，由简单的“最小防范成本原则”，可以扩充到诸多部门法和法律问题，反映了经济分析“一以贯之、以简驭繁”的特性。另一方面，或许更为重要的，是在道德哲学、教义法学之外，提供一种分析法学问题的思维架构。经由对照，或许能凸显经济分析的价值所在，为法学研究的工具箱里，添增一件简捷有效、直觉上又有说服力的工具。

因此，本章的价值所在不是理论上有所创新，而是尝试搭建起桥梁：在法学体系内，不同概念间的桥梁；在法学体系外，法学和经济分析之间的桥梁。桥梁有助于交流，互蒙其利；桥梁也可以避免误解或敌意，避免各说各话。

最小防范成本：事例

这一节里将描述几个具体的案例，以阐明“最小防范成本原则”和法律之间的关联。

第一个案例，发生在英国。几个工人在修马路下的管线，路面坚硬，所以搬来了一些炸药。施工周围都用防护线围起，而且挂了警告标识：“炸药危险，请勿靠近”“施工作业，请勿靠近”。中午，工人去吃午餐，几个小朋友放学回家路过，好奇地用脚去踢拨炸药，引发爆炸，造成死伤。很明显，防范意外的方式至少有两种：第一，让小朋友和其他所有民众小心，不要去碰炸药；第二，午餐时间，有工人留守。两相比较，第二种防范意外的方式，成本较低且效果较好。

第二个案例，后车撞前车。虽然都是后车撞上前车，但是高速公路上的追尾和市区里的追尾，处置方法不一定相同。高速公路上，行车速度快，若前方车子突然变换车道或蛇行，后车不一定能避得开。相对的，市区里车速较慢，后车保持距离避免追撞，比较容易。因此，市区里防范追撞，后车成本较低，一旦发生意外，通常后车要负主要责任。

第三个案例，上司性骚扰下属。两种情形，第一种是A部门上司性骚扰A部门的下属；第二种是A部门上司性骚扰B部门的下属。如果上司告诉下属：“下班后留下来，一起晚餐，然后谈谈公事！”第一种情形下，无论是真公事还是假公事，下属不好拒绝。第二种情形，下属很容易回绝：“要谈公事，找我的上司，他和你同一层级！”因此，第二种情形下，下属防范避免的成本较低，如果发生性骚扰，往往下属本身有一定的责任！

第四个案例，捐血救人。某个教派的信徒，基于宗教信仰不接受捐血。若信徒碰上意外，其本人需要捐血但却陷于昏迷，此时急诊室的医生为其输血急救，事后无需承担侵权（宗教信仰）的责任。原因一致：信徒为维护宗教信仰，可以在随身皮包/皮夹里放卡片声明，不接受捐血。医生救人是首要责任，要避免这种少之又少的特殊病患，成本太高。

以上四个案例，情节不一，但是法律规定处理的逻辑，其实前后一致。人际交往，如果需要界定或分摊责任，经过尝试错误，会自然而然地形成一种规则：由谁承担责任成本较低，就由他（她）来承担责任！如果要由防范成本高的一方承担责任（譬如，成本为十元），他（她）可以把责任转移给防范成本较低的一方（譬如，防范成本为六元），然后两人平分省下来的成本（四元），双方可以均蒙其利（各得两元）！

最小成本：事例

最小防范成本原则可以做更广泛的解释，而成为“最小成本原则”：法律条文的规定，背后的逻辑通常可以由“最小成本”的角度来解释。也就是，关于人际关系的权利义务，法律希望能降低成本，避免以高成本的方式，界定彼此的权利义务。借着几个实例，可以清楚地反映出“成本”在法律中无所不在却经常被忽略的身影。

第一个例子，是紧急避险。暴风雨中，游艇可以不经码头主人同意便驶入停泊，而在事后补偿（赔偿）产生的费用或造成的损失。因为在暴风雨中，要取得主人的同意可能很困难，而且若不容许紧急措施，后果可能更为严重。因此，相形之下，容许紧急避难的成本较小。

第二个例子，是正当防卫。面对抢匪或歹徒攻击时，可以采取必要的措施，保护自己，即使因此给对方造成伤害，也可以不负法律责任。因为，面对歹徒的不法侵害，当下默默承受，事后寻求法律救济的成本更为可观，甚至无从弥补损害。因此，容许正当防卫，是（当时）以较小的成本，避免（事后）负荷更大的成本。

第三个例子，是告诉乃论。三代亲之内的侵占和诈欺等、直系血亲间的伤害和强制性交等，法院的态度是不告不理，当事人提告诉，法院乃论对是非。因为，亲人之间长期相处，经济学的专有名词是**重复交往或多回合交往**（repeated game），爱恨情仇关系错综复杂，个别事件的是非，往往涉及裹脚布般的陈年老账。掌握全貌，成本非常可观，法院能不碰就不碰。因此，法院不主动侦办。然而，如果当事人真的要维护个人权益，法院也会受理。不告不理，是处理亲人间纠纷成本较低的方式！

第四个例子，直系血亲之间，可以拒绝做证。“亲亲相隐”的逻辑，至少有两点考虑：彼此关系太密切，做证所提供信息的真假，法院并不容易判断。而且，如果根据配偶做证而定罪，送进牢里，几年之后出狱，彼此要如何面对，如何再续前缘？因此，个别案件的真相固然重要，直系亲属之间的伦常更为重要。

一时（短期）的得失，比不上长期的伦常。为了前者而伤害后者，成本太高。这是人类进化的经验法则，也是文明社会在价值上的取舍！

这四个例子，涉及不同的部门法（民法、刑法、刑事诉讼法），由成本（最小）的角度，可以清晰地掌握法律的脉络。如果法律的目标是追求公平正义，那么最好是以低成本的方式。让司法女神的负荷减小、效果增加，谁曰不宜？

财富极大——由成本到效益

这一节里，将把论述的层次再度拉高，由成本联结到效益。理论上的转折点有二，值得仔细叙明。

前面所描述的实例里（性骚扰、后车撞前车等），由构成要件来看，其实是一样的：都是一个人的行为对另外一个人造成损害（伤害）。因此，法学上可能认为，构成要件相同，就该一视同仁，同样处理。然而，科斯在经典论文里指出：两人之间发生摩擦，通常是互为因果。“后车撞上前车”，也可以描述成“前车（造成）被后车撞上”。“上司骚扰下属”，也可以描述成“下属让上司占便宜”。因此，由因果关系看，可能理未易明。由另一个角度着眼，可能反而纲举目张、一目了然！

这也就是理论上的第二个转折点：科斯主张，当双方发生摩擦时，对于权利（责任）的界定，可以由“**社会产值**”的角度判断——双方权利（和责任）的界定，最好能使社会的产值愈大愈好！也就是，思考权利的界定和范围，不是由个人、由下而上的角度，而是由上而下、站在社会整体的角度斟酌，如何界定权利，才可以使社会的资源愈来愈多。譬如，小厨师驾着电动自行车撞上豪车，修车费要四十万，小厨师一家三口抱头痛哭。由因果关系的角度，事证明确，小厨师要负赔偿的责任。可是，由社会整体的角度看，小厨师的工作权是一种价值，豪车兜风炫富也是一种价值，当两种价值发生冲突时，就要考虑如何界定权利对社会较好！豪车车主，买得起马就配得起鞍。而且，由豪车避开尖峰时段，由豪车先自我保险，成本较低；而由所有其他车主小心翼翼避免撞上豪车，成本太高。这种分析思索的角度，比由法条来计较是非的角度，似乎更符合直觉并具有说服力。

科斯所运用的概念是“社会产值”，不免有点模糊；波斯纳引申出的“**财富极大**”，要更清楚明确。在界定权利和思索法律纠纷时，可以自问：哪一种处理方式，长远来看，可以使社会的资源愈来愈多？在观念和逻辑上，正呼应了最小（防范）成本原则：哪一种处理方式，可以使成本负荷较轻？以成本低的方式处理，长远来看，自然可以节约资源，使社会资源愈益丰饶！

在观念上，成本和效益这两个概念，犹如镜子里外的对应。成本低和效益高相通；反之，亦然。自波斯纳提出“财富极大”的论点之后，饱受讥评，他曾多次为文回应立论的核心所在，是“财富极大”的观念，和社会普遍接受的道德哲学及价值体系之间，其实是彼此呼应，并不冲突。然而，另一种论证的途径，是由“成本最小”的角度。如前面所描述的“最小防范成本原则”，是人际互动所自然形成的“游戏规则”，在实证和规范上，都有相当的说服力。

当然，精细而论，“成本最小”和“财富极大”，还是有一些微妙差别。至少有两点，值得强调：首先，在这两个概念之间，虽然观念上有相通之处，可是落实到具体的问题上，往往各擅胜场，各有短长。其次，大致而言，根据过去累积的经验，“成本”比较容易拿捏；而“财富”是未来可能实现的状态，不一定容易捉摸。“成本最小”的概念，比较和“除弊”相通；而“财富极大”的概念，比较和“兴利”相联结。因此，对于新生事物，过去的经验有限，不容易由除弊（成本）的角度琢磨，而由兴利（财富极大）和往前看的角度，往往比较有脉络可循！

回顾与引申

在此将针对前面的论述，回顾“故事”的各个环节，并且在方法论上做进一步的引申。

故事倒带

故事的出发点，是英美习惯法里的一个法原则：最小防范成本原则。而后，进一步精练为最小成本原则，再通过镜子的反射，联结到财富极大。故事有三个层次，而这种循序渐进的情节，在论述上的意义值得稍做发挥。

首先，很明显“最小防范成本”的基础，不是道德哲学，而是人类社会真实的生活经验。人际互动中，经由多回合（长时间）的尝试，自然而然演化出这个原则。因此，这个原则是立基于扎实的实证基础。以小见大，习惯法和大陆法的基础，也就是**法律帝国**（Law's Empire）的基础，可以是有血有肉、看得见摸得着的生活经验，而不是抽象模糊、言人人殊的道德哲学或宗教神谕。前者，可以在各个行业里，找到俯首可拾的丰富材料；后者，是由法律学者诉诸想象、权威或想当然的说辞。哪一种基础更扎实，更简单易明？

其次，大陆法系里，法律分为民法、刑法、民事诉讼法、刑事诉讼法等部门法。然而，社会大众的生活却不会分为民法、刑法等。这意味着，生活的方方面面都是由人的行为、人际互动所构成，而降低成本是人们行为的**主要驱动力**。这种特质也会不知不觉、自然而然地镶嵌到各种风俗习惯、规则法律里。由成本的角度，很容易掌握法律条文背后的逻辑，知其然而且知其所以然，而且一以贯之、以简驭繁，跨越各个部门法的领域。无论在研究、解读、阐释和操作法律上，都有提纲挈领、纲举而目张的好处。文天祥的《正气歌》有云："天地有正气，杂然赋流形。下则为河岳，上则为日星。于人曰浩然，沛乎塞苍冥。"这是文学家的想象，凄美而不真实。相形之下，成本的踪影见诸（或隐身于）社会大众行为、风俗习惯、法律规章，是平实而精确的描述。是事实，而不是想象。

再次，成本和效益，类似孪生，彼此呼应。波斯纳"财富极大"的论点，和"（防范）成本最小"，脉络相通。18 世纪工业革命后，经济活动和市场规模一日千里。各种货币价格，都是明确可循的参考坐标。财富除了货币、房地产、牲畜牛马之外，也反映在画作雕像、古董字画等各种艺术品。通过这些具体有形的资产物件，可以间接隐晦地反映抽象的精神价值。因此，“财富”意味着千千万万个参考坐标，是思考官司法律、公共政策时可以参考琢磨的数据库。在许多时候（不是任何时候），在许多问题上（不是任何问题上），“财富极大”提供了分析思考时操作性较强的路径。追求财富（资源）当然不是目标，而只是手段。波斯纳**为法律人的工具箱里，添增了一件灵活有用的工具**。不少人把“财富极大”视为怪力乱神、妖言惑众，其实是只见舆薪、众口铄金！

最后，最小防范成本、最小成本、财富极大这三个概念，显然在大陆法系和习惯法里都适用。而且，在两大法律体系内的各个部门法之间，也一样可以类推援用。由此可见，由实证基础所发展出的分析架构，和传统法学的道德哲学相比，确实提供了探讨法学问题的另一种可能性。

琢磨方法论

在方法论的层次上，最小（防范）成本原则和财富极大的概念，都是不折不扣的成本效益分析，也就是法律的经济分析。对于法学界而言，法律的经济分析还处于发轫阶段。有几点观察，可以借机会澄清。

最简单而根本的，一言以蔽之，“成本效益”的精髓，就是利弊得失，也就是一件事的“好”和“歹”。买牛奶面包时，有利弊得失的考量，追求任何价值，包括事业、美貌、健康、亲情等，难道没有类似的考量吗？如果在价值取舍上有好歹高下的琢磨，“公平正义”不也是一种价值，难道不可以，或不应该有高下好坏的斟酌吗？

当然，有些法律学者以开放的胸怀态度，接受法律经济学。可是，他们认为对于“立法论”，法律经济学也许帮得上忙；对于“司法论”，法律经济学却无用武之地。因为，司法实践时，只是阐释运用已经通过的明定的法条，和成本效益无关。这种观点，有点欲迎还拒、犹抱琵琶半遮面的味道。前面曾经指出，最小成本和成本效益的概念，贯穿社会大众日常生活的各个方面，也反映在民法、刑法等各个部门法里。立法时或宽或紧、或东或西，要评估成本效益；在解释法律和运用法律时，或甲说或乙说、或天平左边或天平右边，难道不是类似的场景吗？

再进一步，有些法律学者勉勉强强接受（或容忍）经济分析，可是心里总是揣着怀疑忐忑的情怀：有些问题可以用成本效益分析，可是总有些问题不适用成本效益分析吧？对于这种质疑，让证据说话，两个事例可以参考。

1982 年，阿根廷进攻马尔维纳斯群岛。群岛和英国本土相隔一万海里以上，英方作战所需的人员物资补给非常困难（成本很高）。然而，当时的首相铁娘子撒切尔夫人断然决定，即使不是“帝国皇冠上最耀眼的明珠”，群岛也不容他人染指。经过仓促的准备，英国的海陆空军长途跋涉，伤亡共 255 人，夺回马尔维纳斯群岛。

另一个例子，是 1945 年第二次世界大战末期，日本败象已露，可是苟延残喘。为了避免更大的伤亡，美国在日本的广岛和长崎投下原子弹，造成日本民众严重的伤亡。不久，日本天皇宣布无条件投降。面对民族被摧毁灭亡的局面（成本太高），日本天皇并没有“战至最后一兵一卒”。也就是，所谓的“不计成本”，只是没有面对真正需要慎重考虑的时刻，一旦面临生存死亡的情景，就会考虑成本（效益）。

顺着这个思路，如果某些法学问题“不可以”用成本效益分析，那么应该用什么方法来分析？法益、权衡、天平的两端等，不都隐含价值间的冲突和取舍，不就是如假包换的成本效益分析吗？只是没有用“成本效益”的字眼罢了。如果不用成本效益分析，难道仿商代烧龟甲，根据龟甲的裂痕来取舍吗？如果确实如此，就可以进一步追问：哪些事不烧龟甲，哪些事又要烧龟甲？显然，要烧龟甲的是“比较重要”的事。比较重要，不就是相对于“比较不重要”，两者之间不就是有高下之分，不就是权衡，不就也是成本效益分析吗？

结论

本章的主旨，是最小防范成本原则。论述的方向，可以是针对这个法原则的历史源流，先追根究底，而后，再详细探究这个法原则在《侵权责任法》里适用时的曲折。这种方式，是一种聚焦、内敛式的论述取舍。相形之下，本章所采取的，是另一种论述的取舍：发散、扩充，而后提升到方法论的层次。

回顾以上各节的材料，先是借着举例，阐明“最小防范成本”的意义；而后，把最小防范成本原则，提炼为“最小成本原则”，并举例说明，在不同的部门法里，成本的身影无所不在；接着，由“成本最小”再联结到“财富极大”，阐明成本效益（财富）之间呼应对照的关系；最后，对于成本效益分析，做进一步的阐释。

由发散扩充式的论述，可以清楚看出，法律和法律之间，其实脉络相通。如果能够掌握基本原则，就可以有一以贯之、以简驭繁、无入而不自得的体会和趣味。当然，更为重要的，是本章所列举的事例、所勾勒的逻辑、所描绘的成本效益架构，都不是来自于道德哲学或信念；相反的，每个论述的环节，都是浅显明白的事实。传统法学的性质，是“规范法学”；本章的性质，则是建构“实证法学”（a positive theory of law）的一点努力、一种尝试。

参考书目

① Coase, Ronald H., “The Problem of Social Cost”, *Journal of Law and Economics*, 2（1）: 1–44, 1960.

② Gilles, Stephen G., “Negligence, Strict Liability, and the Cheapest Cost–Avoider”, *Virginia Law Review*, 78(6): 1291–1375, 1992.

③ Posner, Richard A.,“Wealth Maximization Revisited”, *Notre Dame Journal of Law, Ethics& Public Policy*, 2(1): 85–106, 1985.

④ Posner, Richard A., *Economic Analysis of Law*, Boston, MA: Little, Brown Company, 1973.

第二部

让证据说话，初探、再探和三探，援用经济概念处理实际官司案例。而且，和传统的“三段论”相比，经济学的实证分析，可以使法学理论奠基于花岗岩，而不是流沙之上。

第四章　法学的实证基础

理论的巨塔，不能建立在流沙上。——佚名

毫无疑问，法学是一门重要的学科。但是，如何阐释法学呢？这个问题关系着千万莘莘学子，也考验法学界的大佬和重镇。有没有适当的方式，能清楚明确、老妪能解地，一方面呈现法学核心内涵，一方面展现法学在智识上的兴味？对于这个挑战，本文尝试提出回应。

具体而言，本文将由**法律经济学**的角度，对法学做盲人摸象式的描绘。众所周知，法律经济学是一门新兴学科，1960 年发源于美国芝加哥大学，旨在利用经济分析的架构探讨法学的问题。到今日（2016 年）为止，国际性的学术期刊已经有十余种，反映了这个学科（领域）的蓬勃发展。在中文世界里，法律经济学还在起步阶段，特别是中国有约十四亿人口，是人类历史上最大的大陆法系国家。经济起飞之后，建设法治社会成为阶段性的重要目标，如果法律经济学能因缘际会，共襄盛举，在学科发展和实际运用上，将是难得的考验，也是难得的机会。当然，中国大陆的法制建设，重要性不言而喻。

实证分析

在社会科学里，实证分析（positive analysis）和规范分析（normative analysis）彼此对应。可是，为什么实证分析重要，值得法学参考借鉴呢？

何谓实证？

借着两个简单的例子，可以烘托出实证的意义。首先，关于理智（reason）和情绪（passions），是哲学家千百年来议论不休的问题。18 世纪著名哲学家大卫·休谟（David Hume, 1711—1776）曾有脍炙人口的名言："理智，不过是情绪的奴隶。"（Reason is a slave of the passions.）平日人们也许可以理智自持，可是一旦情绪启动，理智就沦为奴隶，听情绪的号令。言下之意，人类的理智脆弱无比，情绪才是真正的主导者。

乍听之下，休谟的观察言之成理。然而，美国康奈尔大学经济学者罗伯特·弗兰克（Robert Frank）教授，根据发表的多篇论文辑成一书，名为《理智驾驭下的情绪》（*Passions within Reason*）。情绪的作用，大矣哉。一般人撒谎时，心理的不自在会反映为手心出汗、脸红、讲话不自然。情绪的起伏看似自然，其实有约束行为的作用。**对于生存繁衍，有直接或间接的帮助**。还有，发脾气明显是情绪登场，可是每个人都可以自问，自己发脾气的对象不就是父母、配偶、子女、同级、属下、朋友？有谁会对直属长官、高级长官、求职的面试官、论文指导教授发脾气？可见人不会随便发脾气，成本堪负荷才会发作。人不是情绪（情感）的动物，人是理智的动物，因为情绪受到理智（有意识或无意识）的节制。

有谁会对论文指导教授发脾气？黄有光教授表示："有！二十多年前，当 × 大教授 ××× 博士还是我的博士学生时，他做了数理分析，得出某外生变量对某内生变量的影响是负的，而我从常理或直观上看，认为应该是正的。我对他说，你可能漏掉一个负号，回去查查。几天后，他回来说，查过了，没有错。我说一定是错的，回去再查。第三次他回来说，查了很多次，没有错。我又坚持说，一定有错。那次他大发脾气。（后来我说起这事，说他拍桌子。××× 否认拍过桌子，只承认发脾气，大声说话。）他说：'你又没有计算，这样硬说我错，哪里可以这样打压我。我最多回农村种田，不要这个博士学位，也不能受你这种无理的欺负。'我大吃一惊，完全没想到他会有这么激烈的反应。我也完全没有打压他的意思，就对他说：'你不要太激动，不需要回去种田。肯定是有错，慢慢查。'他见我口气温和，也就不再发脾气。第四次，他说终于查到漏掉一个负号，结论应该是反过来的。"

黄有光教授的这个反例，也许可以从另外一个角度解释，刚好呼应本文的立场：那位博士研究生已经忍了两次不生气，第三次碰面前，他已经想好退路（回老家种田），因此第三次碰面时对指导教授生气，成本已堪负荷。

其次，众所周知，**"关系"**是华人社会的特质，有源远流长的历史，即使在高度法治的香港，也所在多有。可是，为什么华人文化会发展出“关系”这种特色呢？社会科学里，对“关系”讨论的文献甚夥，可是很少追根究底，探求根源。台湾大学心理系黄光国教授认为这是“儒家文化使然”，因为儒家的“仁”，就是人际相处的游戏规则。重视“仁”，也就是重视“关系”。然而，即使这种解释成立，也只是回答了问题的一半，因为可以继续追问：华人文化发展出以儒家为主流，为什么？对于这个更为根本、智识上更有挑战的问题，似乎还没有得到太多的关注。

简单归纳，这两个例子（理智／情绪的关联，“关系”的由来）清楚地反映了：实证分析是根据真实世界的资料，而不是根据脑海里的直觉，或想当然的信念。

为何“实证”？

经济学基本上是一种实证分析；相形之下，传统的法学论述在相当程度上是规范分析。

在社会科学里，实证分析比规范分析重要，至少有两个明显的理由。第一，实证分析是根据事实，容易沟通，误会较少。规范分析是根据信念，言人人殊，每人想法不同，沟通不易，共识更困难。第二，更深刻的理由，是信念不会凭空出现，而是来自于过去的事实，信念一旦形成，可以降低思考的成本。可是，当新生事物不断出现，信念的基础已经变迁。这时候，还坚持以信念来论述，就可能会有落差，甚至会捉襟见肘，不仅于事无补，还可能自说自话，夸父追日！

经济分析：理论架构

自1960年起，经济分析已经进入社会学、政治学和法学，而且成果丰硕。因此，经济分析不限于探讨商品业务、生产消费、买卖贸易。追根究底，经济分析是一套分析社会现象的特殊视角。

经济分析的理论架构，可以利用四个环节做简单呈现：分析基本单位、行为特质、加总／均衡、变迁。

首先，分析的基本单位是个人，而不是更大的家庭社会，或更小的细胞元素等。个人是行为的主体，也是构成社会现象的基础。

其次，在经济学者眼里，个人有两个特质：能思索、会思索，简称为**理性**（rational）；会设法增进自己的福祉，简称为**自利**（self-interested）。基于这两个特质，在具体的行为上，很多时候可以用降低成本来表示。换句话说，人是理性自利的，降低成本是行为主要的驱动力。

再次，个人和个人形成群体，这是一个行为**加总**（aggregation）的过程。牛奶面包的市场，是由个别的消费者和生产者组成；同样，国际社会是由个别国家和群体组成。组成分子交往互动之后，会达到一种稳定和重复出现的状态，称为**均衡**（equilibrium）。均衡的状态容易分析。如果一个体系一直变动不居，显然不容易归纳出规律性或通则。

最后一个环节，是**变迁**（change）。无论是来自于外在还是源起于内在的冲击，一旦体系原先的均衡受到冲击，变迁的轨迹和变化后形成新的均衡，是理论不可缺的一部分。如果分析架构只有前三者而没有变迁，这不是一个完整的理论。

道不远人，经济学其实并不难，卑之无甚高论，最重要的核心概念，屈两手而可以尽数。经济分析的理论架构，可以明确具体地表达为：分析基本单位、行为特质、加总／均衡、变迁。这个架构可以探讨经济活动，也可以分析其他的社会现象。经济学能长驱直入其他领域，而且大有斩获，重要原因就是有一以贯之、以简驭繁的分析架构。

法律经济学

经济学能探讨法学问题，当然需要联结——由经济分析过渡到法学问题。法学教育里有“法学绪论”和“法理学”的课程，介绍法学的传统和法律的由来等。几乎毫无例外，自然法和亚里士多德等会是重要的内容。相形之下，经济分析对法学／法律的解读，是采取不太一样的方式。

无论中外，波斯纳教授是公认的法学大家。1981年，他出版了《正义的经济分析》，现已成为经典。书中的主要内容是由论文组成，分为十四章。第六、第七两章，足以清晰反映他的方法论：第六章论原始社会（A Theory of Primitive Society）；第七章原始社会律法的经济分析（An Economic Theory of Primitive Law）。对原始社会的特质，他先提出理论上的分析，而后，再根据这个理论，解读原始社会的律法。一言以蔽之，这是不折不扣的“先了解社会，再了解法律”。

而且，这种路径还有两点重要的启示：第一，波氏对原始社会的解析不是凭空而来，而是依恃他已经掌握的工具——经济学的理论架构。第二，波氏对法律源起的解读，是根据人类学家搜集的资料，是真实世界的材料，而不是自然法或哲学理论，这是标准的“实证分析”。现代社会是原始和初民社会的延伸及演进。现代社会的法学教育和法学理论可以不立基于抽象难解的自然法或道德哲学，而应以有血有肉的真实世界为基础。

这种“实证分析”，也反映在诺贝尔奖得主道格拉斯·塞西尔·诺思（Douglass Cecil North）集大成的经典著作《制度、制度变迁与经济成就》（*Institutions, Institutional Change, and Economic Performance*）。全书的主旨是由“制度”的角度，解释不同社会在经济表现上的良窳。关于制度的形成和性质，第五章、第六章、第七章是关键所在。第五章非正式限制（informal constraints）；第六章正式限制（formal constraints）；第七章践约（enforcement）。也就是，诺思的论证过程和论证性质，与波斯纳无分轩轾。事实上，诺思在书中以脚注标明，他参考波斯纳对原始社会律法的分析。他先描述人际相处时，会逐渐形成各种大大小小的“非正式规则”（informal rules）；而后，随着社会的发展，有些非正式规则会晋升为“正式规则”（formal rules）。而要使规则能发挥作用，必须有配套的奖惩措施，能有效解决“践约”的问题。

波斯纳和诺思描绘的“故事”，生动而有说服力地刻画了法律出现的原由和法律的性质。

案例分析

借着分析两个案例，希望能把理论和实际结合。一方面，呈现经济分析对实际案例的解读；另一方面，烘托出法律和真实世界间微妙纤细的联结。

民事：谁该承担歧视的重担

歌曲《龙的传人》里，有这么一段歌词："黑眼睛黑头发黄皮肤，永永远远是龙的传人。"这首歌的曲调优美，歌词隽永，曾经风靡一时。然而，在真实世界里，当"黄皮肤"成为问题时，怎么办？

这起纠纷的情节，直截了当：台湾有许多美（双）语幼儿园/补习班，也雇用了很多"外国人"教英语。一般而言，英国、美国、澳大利亚等国的人士，英语发音各自不同，更精细地划分，英美澳等国不同的区域，英语口音也有差别。然而，对于学童和家长而言，这些微小的差别并不重要。重要的是除了会讲英文之外，在外观上他们必须像个"老外"——金发、蓝眼、白皮肤，或者至少是个白人。

一位黑眼黑发黄皮肤的华裔美籍人士，前往应征双语幼儿园教职，其他条件一应俱全，唯一的瑕疵是他皮肤的颜色不对。幼儿园负责招聘的人诚实地告诉他，学童和家长希望任教的老师是"外国人"，所以无法聘任。他自觉委屈，而且认为对方违反"就业服务法"，有歧视之嫌，因此一状告上法院。在21世纪的台湾，这个社会事件意义如何？如果法院面对这个纠纷，要怎么判才不至于有“恐龙法官”或“外星人法官”之讥呢？

对雇人单位而言，当然有相当的委屈：市场激烈竞争之下，生存是首要考虑。如果老师是黄皮肤（不是“外国人”），家长/学生接受度不高，自然不愿意上门。因此，即使观念上有歧视、理亏之嫌，现实考量不是理念人权之争，而是存亡所系。而且，追根究底，承担责任的应该是不愿意掏腰包付钱的家长/学生，也就是社会大众，而不是小小的双语幼儿园！更进一步，歧视的本质其实就是差别待遇。扪心自问，对于生活里、工作上的人事物，哪一个人不是兵来将挡、水来土掩，依个人好恶，顺势而为。对于顺眼的俊男美女，多看两眼；对于故旧亲朋，软语和颜。差别待遇是常态，有谁对别人是彻头彻尾“一视同仁”呢？

因此，这就衬托出问题的关键，也就是矛盾所在：在个人层次上，差别待遇（歧视）是常态；在社会层次上，以法令排斥、消弭歧视，是社会进步的轨迹。在私领域和公领域里，采取不同的游戏规则。一旦两者有冲突，社会所揭橥和追求的价值，当然值得肯定；可是，对个人而言，无论施与受双方，到底要承担多少责任？

两点考虑，也许值得作为参考坐标：首先，对于原住民/弱势群体，政府机关有法定责任要雇用，但是只限于超过一定规模（50人）的单位——承担社会责任，要考量负荷能力。其次，航空公司招考空乘，可以对身高等做严格的要求，因为身高不足，不能帮乘客照顾行李安置和有效应变，有碍飞行安全。因此，针对双语幼儿园的个案，在各种考量之下，也许可以找到不完善却三赢的处置：黄皮肤的外国人受了委屈，当然值得维护他的权益。至于补救赔偿部分，他大概不会希望真的上任，在不友善的环境里工作。幼儿园该补偿，但是数额最好是形式重于实质，否则负荷过重，有一点儿像是被天外飞来的陨石打中。这么一来，法的精神也得到维护，判决产生宣示效果，社会也往前移动了一小步！

黑眼睛黑头发黄皮肤的个案，还算单纯。如果哪位老师（无论老外与否）决定变性，手术第二天走进教室，吓坏了小朋友，幼儿园因此加以解聘，有没有违反“就业服务法”呢——因为有性别歧视之嫌？

刑事：法匠断人手脚吗？

每隔一段时间，媒体上就会出现“金手指/脚趾”的报道：投保巨额的保险，然后在旅游或其他偏远地点发生意外，裁去手指/脚趾或手掌/脚掌，再申请巨额理赔。这些事件里，有些确是意外和不幸，但其中也有相当比例是当事人图谋不轨，希望诈领保险金。然而，追根究底，法律设计和解释不佳，可以说是更根本的元凶！

台湾地区的“保险法”里有“复保险”的规定：同一标的物，向不同保险公司重复投保。譬如，库房存货值300万，却投保1000万。然后一把无名火烧掉标的物，带来意外之财。不过，虽然有“复保险”的规定，台湾的司法体系却认定：复保险的规范只适用于财产保险，而不适用于人身保险。这是基于两个论点：首先，“保险的原则是费用填补”；其次，人身（生命）无价。

既然保险的原则是费用填补，就隐含标的物价值和赔偿之间，有“对价”的关系。既然人身（生命）无价，就不可能有适当的价格，既然无从费用填补，就不适用复保险的规定。因此，人身（生命）无价，没有过度保险的问题。一旦发生“金手指”等案件，法院往往判定保险公司败诉。结果，铤而走险、诈领保险金的人，侥幸得逞。不当的法令解释和诱因，形成恶性循环。然而，司法体系采取的两点概念和推论，都有可议之处。

大千世界里，有各式各样的风险，万物之灵的人类，也发展出各种因应的工具。保险是工具之一，而且有多种功能。“机动车交通事故责任强制保险”，是保对方，而不是保车主。主旨是事故发生时，降低冲击和便于善后。“全民健康保险”只是部分保险，而且含有社会福利的成分。还有，有了保险，演艺/运动/实验人员等，更愿意承担风险，尝试各种新的可能性。因此，保险涉及诸多概念，“费用填补”只是其中之一，而且未必是最重要的。

人身（生命）是否无价，可以在道德哲学上论对终日。然而，“金手指/脚趾”等，和生命无关，而是涉及道德风险。牺牲两三根手指/脚趾、一个手掌/眼睛，如果能换得千万台币，未必人人愿意，但是就有少数人愿意。因此，司法界对于人身保险的解释，经不起检验。更严重的是，生命无价的立场看起来庄严神圣，其实是徒有其表，而且诱发出人性中的黑暗面，造成“金手指”事件层出不穷。

在一个较高的层次上，这也凸显了大陆法系里法学思维的缺失。“保险以费用填补为原则”和“人身（生命）无价”，都是概念。以这些概念为出发点，司法和法学界解释和操作法律。然而，这些概念本身却和真实世界格格不入。以概念为主，指导现实，很容易形成反客为主、抱残守缺、只见舆薪、见树不见林的后果。

当然，除了理论上的琢磨，最后还是让证据来说话。“金手指 / 脚趾 / 手掌 / 脚掌 / 眼睛”的事，不只出现在台湾，世界皆然，而且有一定的脉络可循。如果纯粹是意外造成肢体伤残，左右手 / 脚 / 眼受伤的几率，应该相去不远，各有 50% 的几率。然而，根据联邦德国的资料，在 1945 年至 1960 年间，共有 66 件自残肢体以诈保的个案。其中，只有四件伤残是发生在右手，占 6%；其余 62 件，分别是左手、左脚、左腿和左眼，占 94%。这个比率和人口中左撇子与右撇子的比率接近——10% 比 90%。

在“金手指”的案件里，不是官僚杀人，而是法匠断人手脚。而且，精确一点、带有黑色幽默的说法是：大部分的情形是断人的左手左脚。官僚和法匠造成伤害的程度不同，透露出的无奈和悲切，倒是无分轩轾？!

法律和法学

经过前面几节的铺陈，这一节的重点，是由经济分析的角度，阐释法律和法学的内涵。

法律

对于法律，有很多不同的定义，有些定义还有意识形态或“政治正确”（politically correct）的考虑。由经济分析、实证的角度，可以尝试提出比较晓白直接的阐释，重点有三。

第一，**法律即规则，规则即工具**。虽然在许多“法律人”的心中，法律有着崇高无比的目标——维系社会秩序的最后一道防线。然而，由法律出现和发展的过程来看，也就是波斯纳和诺思的论点，原始/初民社会，人与人相处不可避免有纷争，为了善后会逐渐形成一些（游戏）规则。因此，抽象来看，（无论政府存在与否）法律就是规则，目的在于善后除弊。既然是规则，就是一种工具性的安排，具有功能性的内涵。也因此，无须为法律添增道德或额外的成分，可以更为中性持平地看待。

第二，**法律的性质，主要是处理价值冲突**（conflicting values）。这种解读和目前法学界主流的立场格格不入，值得心平气和地仔细琢磨。前面表明，法律的出现不是来自于圣人哲王的教诲，而是真实世界、日常生活、群居的需要。一旦有各式各样的摩擦冲突纠纷，群体立刻面对两个问题：首先，要不要动用法律来处理？其次，若动用法律，选择如何？这两个问题都隐含了“要与不要”和“轻重大小”的斟酌，也就是不同价值之间的取舍。换一种描述的方式，法律即规则。既然是规则，行为就有“符合”规则和“不符合”规则的差别。符合和不符合，就代表两种不同的价值。“血债血偿”，过去可以，现在不行，这反映了随着社会的进展，对于彼此冲突的价值，人们逐渐采纳不同的规则。

第三，**法律的功能，逐渐由除弊转向兴利**。简单地说，人类是由丛林社会的“共存”（live and let live）到现代社会的“共荣”（mutual gains from interaction）。烧杀掳掠的问题逐渐成为次要，富强康乐的问题成为主要。两个例子，可以由小见大：交通规则的主要功能，是希望行车秩序良好，大家都能省时省力。金融法规的主要作用，是促使经济活动更为活络，钱愈来愈多，大家均蒙其利。因此，现代社会里，各种法律规章目的所在，兴利大于除弊。

经济学对法律的阐释，由不同的角度多架设了几盏镁光灯，希望能更完整清晰地烘托出司法女神的全貌。

法学

法律，范围较狭隘；法学，范围要广泛得多。法学院培养出的人才，多半专长都直接间接和法律有关。法官、检察官和律师，是最明显的例子，政府其他监管部门、司法行政的从业人员，都和法律有密切的关系。当然，法学院的老师、研究单位的学术工作者，是“法学”里另外一个重要的群体。他们的研究，通过教学、出版、咨商，也通过参与立法工作，为法学增添资产。

然而，除了法律和司法实务，智识上的成分也值得强调。也就是，法学所生产的知识，除了实用性之外，可以有、也应该有纯粹智识上的探索。譬如，以下几个课题，都很有挑战性，最后答案如何令人好奇：首先，大陆法系传统里，从来没有一个十三亿人口的国家，法律内容和司法体系的结构，该如何安排较好？其次，至少在华人文化里，法律有浓厚的道德成分，为什么呢？法官和奥运的裁判之间，有没有或该不该有差别呢（波斯纳认为，法官的角色有点像是事不关己、看戏的旁观者）？再次，就中华文化而言，儒家思想成为主流，也成为政治制度和司法体系的指导原则，为什么？

这些问题，都为法学所涵盖。然而，以目前法学教育的训练，除了想当然、直觉式的回应，是否能提出明确可信的分析？实证法学和规范法学的差别，在处理这些问题上，可以说泾渭分明。是不是高下立判，当然又是见仁见智！

结论

实证法学是由实证而非规范的角度，建构法学理论。所采取的方法论，可以一言以蔽之，有两个步骤："先了解社会，再了解法律。"对于社会的了解，是以社会科学里众议佥同的方式循序渐进。这个分析架构，可以简单地归纳为四个环节：分析基本单位、行为特质、加总／均衡、变迁。然后，利用这个结构，解释社会的各种现象，包括典章制度，也包括法律。

这一章的重点，就是先描述分析架构，再联结到法律和法学。这种做法的意义如何，可以借着一个譬喻来说明：一个有经验的台球高手，球技可能出神入化，但是对于球的反弹碰撞所涉及的物理原则，他可能一无所知。他的技巧是来自于经年累月的摸索，以及福至心灵的体会。然而，如果要推广台球，希望培养一代代的高手，那么师父带徒弟、心领神会的教法，就比不上另一种教法：在教撞球的同时，也说明物理原理，使球员知道碰撞、球和球台的硬度、反弹角度等。和“经验方程式”相比，“物理方程式”的意义，是知其然，也知其所以然。

法学教育的性质，庶几近之。通过规范式的教法，学子脑海里有一些抽象的概念（正义、基本人权、权利等），然后离开学校，在漫长的工作里，自己体会这些概念的意义。相对地，实证法学的路径，是先了解社会，再体会正义人权等概念的意义，先编织描绘了“渔”，再放手捕“鱼”。

这种做法效果如何，不妨用证据来说话。我曾在二十所以上的法学院讲授“法律经济学”。毫无例外，对于“法律的经济分析”，这些法学界的正规军、精英都欢喜接纳，为工具箱里多了一套强而有力的工具而雀跃不已。在吉林大学这个法学重镇，课程结束时，我请教在场的硕博士生，请赞成把经济学纳为必修课的举手。40 位硕博士生里，有 39 位举手，这是 95% 以上的说服力。和他们已有四至七年的法学训练相比，经济分析的课程只有 24 小时，却改变了他们的法学思维。思维上，开了一扇窗，提供了“典范转移”（paradigm shift）的可能性。

在华人社会里，法律经济学还在萌芽起步的阶段。提纲挈领，要了解法律经济学，值得先掌握这个学科的性质——实证分析。换种说法，让证据说话！

参考书目

① Frank, Robert H., *Passions within Reason*, New York: W. W. Norton, 1988.

② Hsiung, Bingyuan, "*Guanxi* : Personal Connections in Chinese Society", *Journal of Bioeconomics*, 15(1): 17–40, 2013.

③ Hwang, K.K., "Face and Favor : The Chinese Power Game", *American Journal of Sociology*, 92(4): 945–974, 1987.

④ Posner, Richard A., *The Economics of Justice*, Cambridge, MA: Harvard University Press, 1981.

第五章　法律经济学能断案吗？——初探

让证据说话。 ——佚名

检验道理的途径

“法律的经济分析”或“法律经济学”，1960 年发源于美国芝加哥大学。经过半个世纪的快速发展，至少在美国，已经成为法学院里广为人知、也广泛运用的知识。然而，在中文世界里，相当程度上，还停留在引介论述的阶段。

在中文世界的法学院里，对于法律经济学普遍的了解有限，甚至还有许多误解。譬如，不少学者认为，经济学的**成本效益分析**，也许在立法阶段有意义，可是，一旦立法完成，在司法阶段，援引法律即可，法律经济学没有发挥的空间。然而，让证据来说话：有多位法律经济学者已经成为美国法院的法官。甚且，20 世纪 80 年代起，连最高法院的判决里都已经援用经济分析。

另一方面，十余年来，法学界已经出现反省：传统的教义法学，面对现代社会的诸多新问题，有捉襟见肘之感。社会科学才能提供足够的知识养分，以及必要的工具配备。这个运动通称“社科法学”（law and social sciences），主要是在法学院里论对。然而，社科法学的提倡者，至少要面对两个问题：第一，社科法学的方法论，到底是什么？第二，除了指摘教义法学不足待，有没有具体的替代方案，特别是对司法实务的济助？再次，在学科的发展上，通常是先在学院内发展理论，再逐渐衍生出实际运用的相关知识。然而，第二次世界大战前后，美国国防部和麻省理工学院（MIT）合作，应国防和军事需要，研发出诸多实用有效的国防科技（及相关理论）。也就是，供给可以诱发需求，需求也可以引起供给。

因此，在这三种背景因素（法律经济学已进入美国法院、社科法学还在摸索方向、实际需求可以检验理论）之下，这一章将援用简单明确的经济学，分析实际的案例。目标直截了当：尝试回答“法律经济学能断案吗”这个问题。一言以蔽之：实践，是检验道理的有效途径，让证据来说话。

经济分析：概念与技巧

这一节里，将引述相关文献，先列举经济分析的核心概念，再以简单的图形，介绍对应的分析技巧！

时间轴

时间轴的启示，是可以反应两种不同的考虑。图一里，站在 t_0 这个时点上，事故（官司）已经在 t_{-1} 发生。一种考虑，是**回头看**（backward looking），思考如何善后；另一种考虑，是**往前看**（forward looking），琢磨如何兴利。往者已矣，重点是如何处理手上的官司，才能产生宣示效果，诱发未来较好的结果。

精细一点的描述，思维方式分成两步：第一步，根据法律和案件的各种条件，对于如何处置较好，先形成初步判断。第二步，更深入地考虑，初步判断隐含何种诱因，会对未来产生何种影响。我们之所以处理过去（除弊），其实是为了未来（兴利）。如果没有未来，现在如何取舍都无关紧要。抽象来看，人类社会如同是一场**重复赛局**（repeat game），要进行许多回合。社会的典章制度（包括法律），如同是这个多回合赛局的游戏规则。因此，对案件的处置，就是在操作游戏规则——关于游戏规则的取舍，显然必须考虑到对社会长远的影响。

站在目前 t_0 这个时点上，希望不只是回头看的除弊，更重要的是向前看的兴利。站在 t_0 的时点上，事故已经发生。回头看，是如何界定责任，也就是如何切饼的问题。饼的大小，已经确定。往前看，是希望 t_0 的决定能有好的宣示效果，产生好的诱因，使饼能愈来愈大。

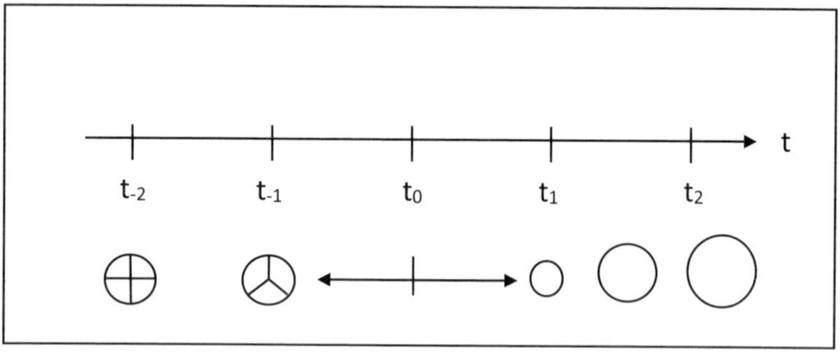

图一　饼的大小

那么，什么是“饼”呢？诸多价值都可以当作政策目标，譬如正义、真善美、忠孝节义等。然而，希望社会上的正义愈来愈多固然是个好的目标，在具体的政策上，难道容易设计、操作和实现吗？相形之下，波斯纳法官的“财富极大”（或“财富最大”）就有相当的说服力。财富，见诸于货币存款、汽车洋房、公寓大厦，有市场可以观察运作，有数字可以评估比较。而且，财富累积之后，一般而言，可以轻易地转换为人们所在乎的其他价值。以增加“财富”为政策目标，在理论和实务上都站得住脚。

此外，两点澄清：首先，波氏眼中，财富当然只是一种工具，而不是最终的价值，通过追求财富这个工具性的价值，希望提升最终的价值——人的福祉。其次，“财富最大”的说法，简单明确。其实，何谓“最大”？谁也不清楚。波氏的用意，只是希望社会的资源愈来愈多：资源愈多，通常愈能支持人的各种权利，也能提升人的福祉和尊严。

A—A′

天平往往被用来代表司法运作，至少有两点含义：对于争讼双方，希望能持平处理，不偏颇任何一方。而且，维持稳定的度量衡，在多回合的赛局里，游戏规则要前后一致。然而，对于天平的结构和性质，还可以做进一步的探究。

A—A′，是以简单的符号反映天平的结构。天平两边的利害轻重，可以用A和A′来捕捉。此外，光谱上有诸多的点，从中萃取相关的两点（A和A′），再做精细的比较。还有，A的曲直是非，是相对于A′。因此，在考虑眼前的事物时，值得思索相关的、适当的、有意义的参考坐标，借着对照和比拟，呈现出事物较完整的意义。

A—A′也可以看成是一种分析技巧，反映取舍时的思维方式。图二表示，把可能的选项，由A、A′、A″……限缩为A和A′之后，就可以针对这两者来评估。如果选的是A，会导致一种结果；如果选的是A′，会导致另一种结果。在两种结果之间，选择比较好的结果。这种思维方式，呼应了前面“向前看”的着眼点：如何取舍，是以“结果”来判断。

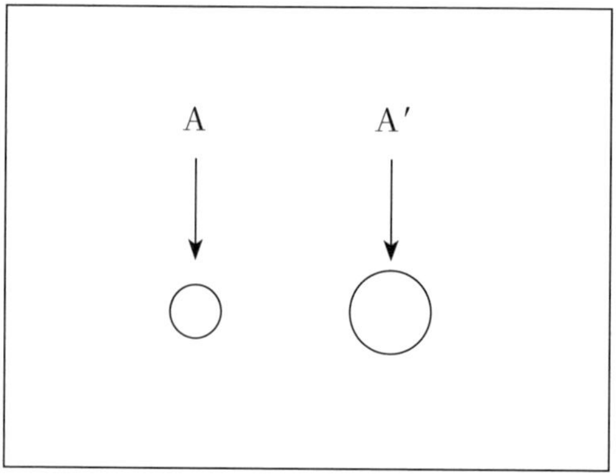

图二　A—A′

具体而言，在设计和阐释法条时，可以用A—A′代表两种选择——在A和A′这两种规则里，哪一种规则可以带来较好的结果。因此，A—A′的技巧可以帮我们捕捉不同规则带来的后果、背后的逻辑，让思考过程透明，像画连环图一般。

在法学里，官司是研究争点，争讼双方明显处于对立冲突的状态。两者之间的取舍，就是彼此竞争价值间的取舍。除了官司，法学里的各种问题，追根究底，就是不同价值／观点／解释之间的竞争和取舍。A—A′的技巧，简洁但明确地凸显出各种价值之间的冲突。更重要的是，A—A′同时隐含着价值竞争是常态，对于最后的取舍，最好能说出一番自圆其说、有说服力的道理。

针对法学而言，经济分析把法律看成是规则，不同的规则，等于是不同的工具。既然是规则和工具，就值得分析不同规则／工具的良窳。A—A′的技巧，就是在不同的规则／工具之间，先做平实的比较，再做最后的取舍。经济分析不是在提供标准答案，A—A′也并不隐含最佳方案（first-best choice）。A—A′通常意味着，在不同的次佳方案（second-best choices）之间，权衡利弊得失之后，选择其中缺点较少、优点较多的方案。因此，最后所得到的，通常是一种利弊掺杂的组合（a mixed bag）。这个世界不是完美的，但却是有意义的！

最后一点，法学里的各种概念，也可以视为工具，对于概念的援用和取舍，当然也可以利用A—A′的技巧。

案例分析：对照组

面对同样的案件，传统法学的三段论分析和法律经济学的分析，有不同的论证过程。本节以两个案例，从民事和刑事的角度分别阐释。

民事案例

甲将房屋出租给乙，约定租期两年，租金每年十二万元。签约当天，乙支付了当年的租金。三个月后，乙并没有和甲协商，自行撤离租赁房屋并电话通知甲。之后，乙提起诉讼，请求解除合同并返还当年剩余的九个月租金。甲辩称，租赁合同应当继续履行，不同意返还九个月的租金，并且要求乙继续支付第二年的租金。

本案的争议焦点在于：违约方是否有权解除合同，是否允许**有效率的违约**（efficient breach）？按照传统法学的三段论，可以得出以下结论：首先，这是一个合法有效的合同，按台湾地区“合同法”的规定：“当事人应当按照约定履行自己的义务，不得擅自变更或解除合同”，“当事人应当按约定全面履行自己的义务，但在履行期限届满之前，当事人一方明确表示或者以自己的行为表明不履行主要债务的，可以解除合同”，“合同解除后，尚未履行的，终止履行；已经履行的，根据履行情况和合同性质，当事人可以要求恢复原状、采取其他补救措施，并有权要求赔偿损失（大前提）”。

乙未经协商擅自终止合同的履行，是明显违反“合同法”的违约行为（小前提）。因此，乙是违约的一方：一是没有合同解除权；二是即使判令解除合同，对于已经交纳的第一年房租，没有要求返还的理由。并且，对于第二年无法履行交纳房租的义务，乙还需承担违约金，或赔偿由此带给甲的损失（结论）。可见得，合同法的判断逻辑，是站在维护合同履行的角度上，保护受害者，惩罚违约者。

若以经济学的视角来分析，可以发现两者侧重保护不同的利益。以A—A′的模式，可以得到以下两种结果：一种结果是合同不得解除，乙须继续履行合同；除第一年的租金不予返还外，第二年的租金也需按约继续交纳。这时，鉴于违约成本过高，乙会放弃违约，而履行合同。对于甲来说，可以按约取得租金，也没有损失。但从整个社会的视角来看，对乙而言房屋已经没有利用的价值，处于空置的状态，并且乙可能不得不放弃其另外更好的租房选择。这种状态下，有限的资源（房屋及租金），并未得到最好的利用。

相反地，对于租赁合同的违约者，法律可以持不同的态度：让乙承担一定的违约金，补偿受害方（守约方）。扣除违约金后，退回第一年剩余月份的一部分租金，并允许乙解除第二年的租赁合同。则乙可以通过衡量收益（机会成本的获得）与损失（违约金或补偿金），做出利于自己的判断，及时取回资金进行效益更大的投资。对甲而言，乙擅自解除合同带来的损失，得到合理的补偿。甲可以找新的承租人，让空置的房屋发挥效用。可见，在后一种情形中，若允许解除合同，并判决乙对甲支付合理的补偿，不仅能够充分满足各方的利益，更有利于社会资源的充分利用。

刑事案例

在刑事案例中，经济分析和传统法学可能大相径庭，例如以下案例：甲乙是夫妻，感情不和，经常争吵，甲因此病逝。甲的亲属为泄愤，带着棍棒到乙家中又打又砸，过程中发现有一些金银财物，便强行带走。以传统法学思维分析，台湾地区“刑法”将抢劫罪界定为：以暴力、胁迫或者其他方法抢劫公私财物的行为。有入户抢劫等加重情形的，法定刑为十年以上有期徒刑、无期徒刑或死刑（大前提）。在本案里，甲的亲属携带棍棒等物体，明显具有杀伤能力。进入乙的家中，以构成人身威胁的方式，夺走乙家中的财物（小前提）。因此，甲亲属的行为构成抢劫罪，而且符合入户抢劫的加重情节，适用十年以上有期徒刑、无期徒刑或死刑的法定刑（结论）。

以经济分析中“时间轴”的理念来判断，则被告的“亲属”身份就成为焦点：行为人入室打砸、抢劫的起因，在于家庭内部的矛盾，“亲属”和“入户抢劫”是两个冲突的概念。并且，对社会上不特定的主体，“亲属”不会构成威胁，重复犯罪的可能性低，社会危害性也大大低于一般的抢劫罪。从“时间轴”的角度看，只要对社会的危害堪负荷，“低成本”“后果好”才是处理案件的最佳方案。将本案情节放进A—A′的模式，则A代表的方案是，传统法学理念下加重情节的抢劫罪，对加害人处以十年以上有期徒刑。这种做法的后果是，不仅耗费了有限的司法资源，并且可以想象乙与甲的亲属之间的家庭关系几乎不可能再恢复。

相反地，以A′作为替代方案，在量刑时考虑被告是被害人的亲属，且事出有因，在法定刑之下减轻量刑。以更缓和的方式对双方的矛盾进行调解，并让加害方在获轻刑的同时，对受害方做出合理的经济补偿和精神慰藉。双方的关系有弥补的机会，家庭关系尽可能地恢复。当然，传统的司法在自由裁量时，会考虑到以上因素。但在传统的司法审判模式下，这种处理方式不是法定的，完全取决于法官的自由裁量，在适用时也会受到诸多条款的限制，难以自成体系并广泛运用于司法实践上。

以上两个案例的分析，大致刻画了传统法学三段论与经济分析不同的判断轨迹。在一些案件中，两种分析方法殊途同归。但是，经济分析的模式呈现了一种新的、有效的思维方式。经济分析的优点在于，在得出合理结论的同时，将社会整体的成本效益，以及判决对社会的引导作用列入考虑。

案例分析：融合组

有些法学界人士认为，法学与经济学是不同的学科，遵循的是不同的思维方式。传统法学三段论模式与成本效益的经济分析模式，有质的差异，学理上虽然可以交互探讨，但实务中殊难融合。经济分析的方法能否融入实务案例，不妨再看以下两个案例。

民事案例

甲购买了价格4500元的手机一部，到快递公司以快件邮寄给友人，邮寄费用为12元，填写的邮寄物品内件为“电子”。在快递详情单上，有黑色字体提示：

内件破损由寄件人自负；
贵重物品请保价（保价费用为3%）；
若未保价而遗失、延迟、损毁，依“邮政法”不超三倍邮资赔付。
非保价：（ ）
寄件人签名：（ ）（签名前，请仔细阅读背面的快递服务契约）

邮寄单背面记载：

寄件人可以根据快件的重要性、易损性或贵重与否等，选择保价或不保价的快递服务。寄件人对快件选择不进行保价，若遗失、延迟、损毁，依“邮政法”不超三倍邮资赔付。

甲在非保价栏内勾选并签名。包裹投递后，收件人声称：“取件回家拆封，发现是空包裹，并无手机。”收件人告知甲，甲与快递公司协商未果，诉请快递公司赔偿4500元。快递公司报案后，刑事案件并未侦破。

本案争议的核心，是快递单上所载明格式条款的效力。按台湾地区“合同法”的规定：“提供格式条款一方免除其责任、加重对方责任、排除对方主要权利的，该条款无效。”那么，本案快递单上所载“未保价赔三倍邮费”的格式条款，是否属于免除快递公司责任、加重寄件人责任、排除寄件人主要权利的条款？对此，快递公司与寄件人各执一词。

快递公司主张：只收取了12元的运费，却要承担4500元的赔偿，超出了可预期利益范围，不当地增加了运营成本。在寄件人未选择保价的前提下，做出三倍邮费的赔偿，合理分配了快递公司与寄件人的成本及风险。并且，遗失物品是否确为价值4500元的手机，不易查明。因此，“未保价赔三倍邮费”的约定，不应属于免除快递公司责任、加重寄件人责任、排除寄件人主要权利的条款，应当有效。寄件人则主张：价值4500元的手机遗失，快递公司却依据格式条款只赔36元，格式条款显然属于免除快递公司责任、加重寄件人责任、排除寄件人主要权利的条款，应当无效。快递公司应当按照实际损失，赔偿4500元。

两种观点都以法律的规定为据，各自做出了有利于自身的解释。司法裁判斟酌两者，可从以下三个方面做比较：

第一，如果寄件人事先未做保价，快件寄出后又遗失，如何查明遗失快件为何物、价值几何？

第二，如果判令快递公司按照4500元的损失赔偿，将会**对各方行为产生什么样的影响**？对快递公司而言，为减少或者避免此类损失，理性的后续行为选择包括：（一）每一个快件都可能是贵重物品，为防止因快件遗失而导致的高额赔偿，需增加人力物力以加强监管，保障每一个快件的安全；（二）将高额的赔偿费用分摊到单个快件，以免亏损。两种途径，都将导致成本及邮费的普遍上升。因为增加安全保障的措施，快递的运送时间可能延长。对于寄件人而言，既然不保价也可以全额赔偿，那又何必增加额外支出？既然事后难以查明遗失物价值，又何妨虚报遗失物价值，借此获得更多的赔偿？而如何查明确切的遗失物及其价值，也给司法提出了难题。

第三，如果认定该条款有效，则贵重物品的寄件人只要增加支出3%的保价费用，即可获得更高质量的快递服务和安全保障。即使遗失，仍可获得足额补偿。对普通快递物品的寄件人而言，免于承担额外增加的邮寄费用；对快递公司而言，有利于在保障普通快件运送效率不变的前提下，集中力量为重要快件的投递提供更为优质、严谨的追踪服务与安全保障。

由上述分析可见，“未保价赔三倍邮费”并不属于免除快递公司责任、加重寄件人责任、排除寄件人主要权利的条款，而是一种合理分配风险与成本的制度安排。对于快件的重要性及运力分配，进行有效的区分，更具效率。寄件人可以通过选择购买保价服务，减少发生意外毁损灭失的可能，并在快件毁损灭失时得到足额赔偿，而无需增加普通寄件人的负担。因此，应当认定：争诉契约条款不属于“**合同法**”所规定的无效格式条款。条款合法有效，快递公司赔偿寄件人三倍邮费。

刑事案例

甲用银行卡到自助存款机存款时，连续六次操作存款 300 元，现金都被自助存款机退回。自助存款机的屏幕显示系统故障，但手机信息却提示所存款项已入账。甲产生了继续存款以窃取银行资金的念头，先后存款十七次，虚拟存入 97700 元（存款数额进入账户，但实际并未存入现金）。甲将存款 9 万元转移，并占为己有，是否构成犯罪？

有罪无罪，争议各方各执一词。辩护人认为，自助存款机发出的指令，代表银行的意志：自助存款机的错误，说明银行发出了错误指令，属于无效交易而不是盗窃。责任在银行而不在甲，因此甲不构成犯罪。检方则认为，甲明知自助存款机发生故障，却利用机会窃取银行资金，占为己有，已构成盗窃罪，应当追究刑事责任。

从司法裁判的角度看，甲是否构成犯罪的核心问题是：甲是否故意及非法地窃取银行资金？自助存款机故障，当然是引发甲犯罪的诱因。但是，由此产生的问题是：（一）银行是否能避免自助存款机发生故障？（二）自助存款机如果发生故障，对借此窃取银行钱款的行为，是否应追究刑事责任？

就前者而言，自助存款机分布甚广，使用频率很高，无论技术发展到何种程度，无论银行谨慎到何种程度，客观上都难以避免故障发生。在这个前提下，如何判断窃取银行款项的行为？如果认定构成犯罪，产生的后果是：即使自助存款机出现了错误，也不能借机转款套现，以免承担刑事责任。如果认定不构成犯罪，则对行为人而言，无疑是天上掉下的馅饼。将银行钱款转入自己的账户，多多益善，人人可为。未来可以逃之夭夭。造成银行的损失，即使被发现，也仅仅是退还“不当得利”，行为人并没有实际的损失。因此，做无罪的认定，等于引诱和鼓励储户将不属于自己所有的银行款项收入囊中，而银行则不得不投入大量的人力物力，通过民事诉讼等途径主张财产返还。

两相比较，自助存款机的错误，是甲起意套取银行款项的原因之一。但是，银行并没有故意或者重大过失。相比之下，甲借此取款 9 万元的行为，是源于窃取银行钱财的主观故意。将甲的行为认定为犯罪，符合甲主观的企图，也有利于遏制和威慑利用自助存款机故障而窃取银行钱财的行为。

由以上两个案例可见，实务案件中争诉双方（民事案件中的原告被告、刑事案件中的诉辩双方）各执一词，与 A — A′两种方案的比较，并无二致。法官适用法律，做出裁判的过程，也是 A — A′两种方案斟酌比较的过程。即使法官没有学过经济学，对裁判结果的利益衡量、行为导向的预估，也已经有意无意地体现出了时间轴的方法（民事案例中的寄件时、快件丢失时、诉请赔偿时等不同时点；刑事案例中的自助存款机发生故障时、行为人借此从银行转款时、银行追偿时等不同时点），以及向前看的方法（民事判决对寄件人、快递公司行为的影响；刑事判决对利用自助存款机窃取银行钱款的影响）。

这里的融合分析，很难判断是有意识的还是没有意识的。但可以肯定的是，司法实务并不排斥经济分析，甚至已经在运用经济思维断案。

斟酌方法论

前面两节的内容，是以两种不同的方式，呈现了如何运用经济分析来断案。这一节里，将在两个层次上，斟酌涉及的方法论问题：狭义的，本文所采用的方式；广义的，在大陆法系里，运用经济分析处理实际案例。

画地自限的意义

本章的宗旨，是把经济分析运用到实际的司法案例中。具体的做法，则是先介绍两个经济学的概念：时间轴和A—A′，然后再以对照和融合的方式，与传统教义法学技巧结合。这种做法简单明了，但是也有硬邦邦、以偏概全之嫌。难道，经济分析就只有这两个概念吗？难道，这两个概念就足以在处理案例时克尽全功吗？这种做法其实是画地自限，其中的涵义，值得稍稍阐明。

最明显的，经济分析包含的范围非常广，分析性的概念多得不可数。然而，援用两个简单的概念，主要是论述上的考量：一方面，不需要引用方程式和数字，借着极其简单的图形，就能呈现经济分析的重要概念。另一方面，具体而微地澄清许多人的误解：经济分析不一定与金钱货币、商品劳务、买卖交易相关。经济分析只是一套分析社会现象的工具。对于经济学者来说，这些都是不言自明的常识，但是对于法学和司法实务界，还是值得叙明。一言以蔽之，介绍和运用两个经济学的概念，纯粹是战术上的取舍。这么做是希望降低沟通交流的门槛。

“对照组”和“融合组”的考量，也值得解释。有些法学界人士认为，在绝大多数的案例里，传统的三段论法已经绰绰有余，不需要再引用经济分析。但对于一些疑难案例，教义法学的三段论往往力有未逮，这时候经济分析可以济其穷。对照组的做法，呼应了这种观点，并且再进一步。具体而言，对照组的案情分析，清楚显示：在很多案例中，教义法学的三段论或许确实能有直截了当的判断。然而，经济分析可以提供一种对比、衬托。如果经由不同的思维模式，得到一样的结论，殊途而同归，当然很好。可是，如果经由经济分析，得到不同甚至完全相反的结论，对三段论而言，至少是一种提醒。兼听而聪，兼视而明，洵不诬也！

和对照组相比，融合组的分析还有进一步的含义——对照组和融合组的做法，本身就是一种对照和衬托。融合组可以说是对照组的进阶版（2.0 版）：对照组里，三段论和法律经济分析彼此对照、分庭抗礼、各擅胜场。融合组里，经济分析融入审理的思维，和三段论融而为一。自然天成，没有斧凿的痕迹。可见，经济分析“可以”成为论理断案的一部分。追根究底，经济分析隐含看待事物的一种特殊视角，重点在观念，而不在于金钱货币、公式数学等。波斯纳法官的名言，可以作为脚注：“经济学的精髓，在于慧见，而非技巧。”

融合组所呈现的，只是学术论文里的挥洒，还是可能成为司法实务里的事实？多言无益，让证据说话。台湾地区“最高行政法院”法官帅嘉宝，在一份判决书里这么写道：“原告或被告各自主张之论点，只在法律或会计之技术枝节论述，没有直指问题核心。本院不采其见解，直接从经济实质层面出发，自行建立争点之合理、正确判准，并说明判准形成之理论基础。”这是来自一位资深法官，对三段论和经济分析都娴熟自在，执两用中，无入而不自得！

更上层楼的视野

无论是对照组还是融合组，利用经济分析来处理实际官司，还值得在方法论上进一步琢磨。

首先，第二节里介绍的两个概念（时间轴和A—A′），当然不足以涵盖经济分析。可是，由这两个简单的概念出发，却可以联系到许多重要的经济概念。时间轴，涉及多回合；多回合，又和**均衡**（equilibrium）相关。A—A′隐含**选择**，也隐含**机会成本**。因此，如果把经济分析看成是一座冰山，这两个概念就如同水面上的冰山顶端。顶端之下，还有其他部分，而水面之下，更有十分之九、冰山其余的部分。

也就是，经济学是一套完整的理论，对于社会现象可以提出平实清楚、论述有据的分析。社会现象包括典章制度，而法律是典章制度的一部分。因此，对于法律，经济分析提供了另一种阐释、另一种视角。而且，不只是对法律做一般性的解读，对于官司个案，也可以像手术刀一样，做纤细精微的剖析。

其次，教义法学的三段论，是司法实务上的基本招式、看家本领。然而，当然不足以涵盖法学，而只是实务上好记好用的

“工具”而已。在性质上，三段论是完整法学理论的一种简写或速记（short hand）。然而，运用这种工具所依恃的诸多条件，却似乎很少得到关注。

结合前面这两点，再考虑经济分析和法学主题上的共同性——都是处理一对一、彼此对立的关系。经济学里，是买方和卖方、生产者和消费者；法学里，是千百年来一成不变的原告被告、争讼双方。因此，对于性质相同的主题，理论上较有说服力的，自然容易跨过学科的壁垒，在另外一个园地（战场）里耕耘、发光发热。奥运跳高项目里，背越式跳法已经取代了俯卧式，以及更早的剪式。在法学里，法律的经济分析是不是带来同样的“典范转移”，还在未定之数。但是，经济分析长驱直入法学的各个领域，而且已经开花结果，则是不争的事实。前面的案例分析，可以说是这个重大发展的一个脚注。

结论

2015 年 6 月 19 日至 25 日，浙江大学法律与经济研究中心和金华市政法委合作，在浙江师范大学举办特别营，主题为“法律经济学与司法实务”。这是两岸及港澳，第一次由经济学家主导，向现职的法官、检察官和警察介绍法律经济学。时间虽短，效果良好。对于经济分析，浸淫法学/司法多年的学员纷纷表示，有“惊艳”的感觉。类似的培训活动将会继续进行，而主要的工作之一，是把经济分析的知识和技巧，与法官及检察官的实务工作结合。法律经济学不再只是法学院/法学期刊里的益智游戏，而是真正能披挂上阵的工具。本章的内容，就是运用简单的经济学概念，具体地处理实际（而非想象）的案例。

让证据说话，经济分析确实可以用来断案，而且言之成理，一以贯之。如果站在第一线的法官检察官，能灵活运用经济分析，当然有益于工作，增加效率，提升公平正义的刻度。而且，还有两点重要启示：第一，法学院里的教学必须能赶上司法实务部门的脚步。第二，执业律师也必须能在法庭中和法官、检察官分庭抗礼。而这两者都隐含：法学界和司法实务界，必须**正视法律经济学！**

参考书目

① Besley, Timothy, "What's the Good of the Market? An Essay on Michael Sandel's *What Money Can't Buy*?" *Journal of Economic Literature*, 51(2): 478–495, 2013.

② Easterbrook, Frank, "Foreword: The Court and the Economic System", *Harvard Law Review*, 98: 4–60, 1984.

③ Hsiung, Bingyuan, "The Commonality between Economics and Law", *European Journal of Law and Economics*, 15 (1): 33–56, 2004.

④ Posner, Richard A., "The Sociology of the Sociology of Law: A View from Economics", *European Journal of Law and Economics*, 2(4): 265–284, 1995.

第六章　法律经济学能断案吗？——再探

只要能抓老鼠，就是好猫。 ——佚名

沟通、阐释、说服论证

在社会和人文学科里，法学是极其特别的一个。无论历史学者如何论古证今，人类历史通常不会根据历史学者的指引。同样，小说戏剧歌曲的创作，通常是创作者福至心灵或呕尽心血的成果，而不是根据学院派理论的指导。然而，法学则不然。

法学理论的发展，直接或间接进入立法过程和司法实务。法律学者的见解，也经常是立法和司法引为依据的权威。而且，法学院培养的毕业生，直接进入司法体系担任法官、检察官、律师等。在法学这个生态体系里，法学院/法律学者的地位举足轻重。在其他领域里，这种现象并不多见。然而，一个铜板有两面，法学院/法律学者的关键地位，也有另外的含义。具体而言，法律学者一方面直接影响立法和司法，另一方面又通过教学而影响学生（司法从业人员）。既然地位如此重要，自然本身成为法学利益集团的一环。面对潜在的挑战，自然而然会高举法学的大纛，捍卫自己的利益。

法律经济学则是利用经济分析的工具，探讨法学里的各种问题。在发展的初期，多半是由经济学者主导——波斯纳教授/法官是明显且最著名的例子。可惜，至少在中文世界里，经济学者在法学院里推动法律经济学，步履缓慢，过程艰辛，而且成果有限。一位著名大学法学院院长告诉笔者：法学院里，每个人都有一亩三分田。而面对法律经济学，刚开始大家可能客气因应，一旦要深入，自然会升起有形无形的壁垒！

相形之下，在司法实务部门，对法律经济学的态度可以说大相径庭。就法官和检察官而言，没有学科上的利益要维护或捍卫。让证据来说话，能抓老鼠的就是好猫。因此，只要经济学者能有效地阐释经济分析，并且把经济分析和司法实务（案件）联结，很容易引起回响。对法官和检察官而言，等于是在工具箱里，添增了一套简单、有说服力，而且智识上有启发性的工具。一旦克服了初期的障碍，经济分析无入而不自得，法官和检察官则是敞开胸怀、欢喜接纳。

然而，沟通、阐释、说服论证，是一个过程，需要适当的材料作为媒介。本章，就是在前一章的基础上，进一步呈现经济分析和官司案例之间的联结。目标很明确：多言无益，借着具体明确的资料和论述，阐明经济分析在司法实务上的实用价值。如果在法院和检察院里，法官和检察官能够在工作中援用经济分析，将至少有两点重要的含义。一方面，自然会给法学院和法律学者带来冲击。如果法律学者还停留在教义法学和道德哲学，他们的论述将不再会被司法实务引用，影响力自然下降。而且，如果有些法学院引领风骚，培养出领略经济分析的学生，自然容易找到好的工作，被司法实务界所接纳。

另一方面，如果检察官和法官在讨论案情、法庭攻防、审理判决上，都已经援用经济分析，律师们自然不会落后。经济分析的思维，会逐渐成为司法实务上的“共同语言”。而且，法官和检察官的引领风骚，带动和促进了法学院及法律学者 / 律师的变化。进步的种子不是来自于学术界，而是司法实务部门！

经济分析：概念阐释

和法学一样，经济学里有很多分析性的概念。对法学而言，成本和财富这两者，都具有提纲挈领的地位。娴熟之后，可以上穷碧落下黄泉，一以贯之，无入而不自得。这一节里，将引述相关文献，先列举经济分析的核心概念，再以简单的图形，介绍对应的分析技巧。

（最小）成本

“成本”这两个字，是日常用语之一，老幼妇孺皆知。然而，这个概念的深层意义，值得稍稍阐明。

最基本的，花两块钱买了一份报纸，报纸的成本就是两块钱。换一种描述的方式，取得或运用资源（报纸），必然要承担或付出对应的代价（成本）。天下没有白吃的午餐，早餐、晚餐、消夜也是如此。同样的道理，天上不会掉馅饼，权利不会凭空而降。天赋人权是想象，人赋人权才是事实。权利的背后，一定有资源的付出，而运用资源，必然涉及成本的考量。

经济学里，比较完整的表达方式是“机会成本”，由英文翻译而来，不容易体会真义。其实，机会成本真正的含义是：放弃机会的价值（the value of the opportunity given up）。例如，杀人后自首可以减刑，如果仍然判了死刑，看似平息众怒，伸张正义，放出的讯号其实是：以后犯重罪者，不要自首。结果是，耗费可观的司法资源。司法当初放弃了减刑的“机会”，以后就要承担带来的重担。考量前后两个时点，当初所放弃机会的价值，其实非常可观。

抽象来看，选了A，等于放弃了其他所有的可能性（机会）。因此，（机会）成本的概念意味着经济分析的特殊视角：事物的意义不是绝对的，而是相对的。一件事物的意义，是由其他事物衬托而出。机会的价值（意义），有高有低，值得琢磨分析做取舍，而不是靠直觉想当然！

法律的诸多规定，都涉及价值的取舍，取舍之间，就有被舍弃的选项（机会）。因此，由成本的角度阐释法律，例子俯首可拾。譬如，“消灭时效”的规定，可以节约司法资源；绵延无尽的追诉，可能反而让真相和正义模糊。“未成年人”的规定，可以和“一视同仁”对照，即一视同仁成本太高。法定成年以年龄为划分方式，是成本可负荷的做法。未成年人行为，由法定代理人（通常是父母）承担责任，因为把责任加在父母身上，通常成本较低。

一言以蔽之，一般人在生活里，会设法降低成本。对于一个社会而言，在处理纠纷、操作司法体系时，也会设法采取成本较低的方式。只不过在遣词用字上，通常不用“成本”这两个字而已！

财富（极大）

“财富极大”这个概念，因为波斯纳一连串的文章而广为人知。在法学界里，当然引起了广泛的批评。法律所捍卫的公平正义，怎么能和铜臭味十足的金钱财富连在一起？在往下阐释之前，不妨再说明一次：波斯纳是哈佛大学法学院年级成绩第一名毕业的高才生，不会无的放矢。

显而易见的，公平正义本身不是目的（至少对绝大多数的人而言），而只是手段。而且，追求公平正义听起来庄严神圣，却不容易操作，因为公平正义往往很抽象，看不见摸不着。相形之下，财富见诸货币金钱、房舍地产、牲畜牛羊等。因此，很多时候财富可以成为一种替代性、工具性的概念。在思考法律问题时，可以简单自问：采取哪种做法（规则），可以使社会的资源愈来愈多？设法增加社会的财富，也是一种工具性的思维。不是目的，只是手段！

两个例子，可以约略反映这种思维。

首先，“买卖不破租赁”是古今中外、万国通行的做法（游戏规则）。可是，为什么呢？其实道理很简单，一点就明。如果买卖房子时，正在承租的房客不受保障，租约不确定性上升，如此一来，房客只愿意付较低的房租，房东不容易找到房客，对租赁双方“都”不好。不破租赁，使租赁市场更活跃，双方互蒙其利，经济活动更频繁，社会资源愈来愈多，谁曰不宜？

其次，众所周知，民事诉讼的证据尺度较松，刑事诉讼要求的证据法则较紧，为什么？由人权、公权力等角度，可以论述原因。由社会资源和财富的角度，另辟蹊径，也可以有一得之愚。具体而言，民事官司，不论谁胜谁负，（主要）只是两造之间财富的增减。由社会的角度看，总资源（财富）并没有变化。因此，证据尺度无须太严，因为误判犯错的成本不高。相形之下，如果经审判刑事被告有罪，被关入牢中，那么，一个有生产力的人不能再从事生产性活动，社会财富资源立刻受到影响。因此，误判犯罪的成本高，当然要尽可能避免。刑事案例的证据尺度要求较严，就可以尽量避免误判犯错。

此外，正义的概念是由人类社会演化发展而成。正义的功能主要是在冲突或纠纷发生后，希望能妥当地善后，目的在于除弊。可是现代社会人际交往涉及的游戏规则，经济活动赖以维系的各种法规，除弊的作用愈来愈小，主要的目标其实在于兴利。利用财富增加这个工具性的概念，事实上更能体现法律与时俱进的积极意义。

案例分析：对照组

对于部分案件，按照传统的规范法学分析方法，不仅裁判成本可观，而且往往难以得出确定的结论。这时，运用法律经济学方法进行分析，往往会有意想不到的效果，试举例如下。

民事案例

甲将自己的房屋出租给乙，乙按季度支付租金。契约签订后，乙入住，并将租金交纳至2013年6月9日。租赁期内，甲发现丙居住其中，并试图联系乙未果。丙称：是从乙处承租，并出示了租赁契约及乙签发的收据三张，证明房款已交至2013年9月30日。丙租房时查看了房屋转租的相关证件，并从乙处取得房屋的水卡、电卡、钥匙等。甲否认曾经同意乙转租房屋，并起诉丙，要求丙支付自2013年6月10日至2013年9月30日离开止的房屋使用费。经法院传唤，乙并未到庭应讯。

本案争议的核心是，在难以查明乙是否得到转租许可的情况下，丙是否应向甲支付2013年6月10日至2013年9月30日期间的房屋使用费。对此，甲丙双方各执一词。甲主张，根据法律规定："侵害物权，造成权利人损害的，权利人可以请求损害赔偿，也可以请求承担其他民事责任。"（大前提）甲是房屋的所有权人，丙称从乙处转租，但提交的租赁契约、收据等证据，因乙未到场而无法得到确认，丙未完成举证责任。因此丙无合法依据使用房屋，侵害了甲的物权（小前提）。因此，甲有权要求丙承担支付房屋使用费的民事责任（结论）。丙则主张，根据法律规定："承租人经出租人同意，可以将租赁物转租给第三人。"（大前提）丙提交的租赁契约、收据等，可以证明乙向其转租了涉案房屋。甲虽不认可，但未能提交足以反驳的证据，因此丙使用涉案房屋有合法依据（小前提）。因此，应当驳回甲的诉讼请求（结论）。

两种观点都以现有法律为依据，分别做出对己方有利的论证，都能够自圆其说。如果依照传统分析方法，由于法官个人价值偏好的差异，往往会出现截然不同的裁判结果。但引入法律经济学的分析方法之后，裁判结果可以相对确定。

本案的关键在于，由于乙未到庭，无法确认丙所提交证据的真实性，丙是否完成了举证责任？从举证成本考量，丙若要避免举证不能的风险，需要在签订契约前找甲核实乙的转租资格，或在签订契约后确保乙不会失去联系。而甲若要避免举证不能的风险，仅需在契约中与乙明确约定“房屋不允许转租”即可。可见，甲若要避免举证不能的风险，所需负担的成本远低于丙，因此应由甲承担举证不能的后果。

从社会财富最大化角度衡量，若由丙承担相应责任，意味着次承租人只有寻找出租人核实后，才可以与承租人订立转租契约，如此不仅大幅增加社会交易成本，而且使法律保护的转租行为失去了存在的必要性。（既然次承租人能够与出租人进行洽商，又何必从承租人处转租？）相反，确立规则，由甲承担责任，相当于督促出租人在订约时，就房屋是否允许转租必须做出明确约定，使潜在的次承租人避免风险。由此导致的结果是，租赁市场的交易成本降低，房屋流转更加通畅，社会财富可以增加。

刑事案例

甲承包果园若干亩，果实成熟时在周围私设电网，并且将写有“电网危险”字样的发光警示牌悬挂于果园四周，只在晚上果园无人看守时将电网通电。某晚，乙接近果园时触电倒地，抢救无效身亡。甲称设立电网目的并非防盗，仅为防止野兽进入。

本案如何定罪量刑，有两种观点。一种观点认为，根据《刑法》的规定，“以其他危险方法致人重伤、死亡或者使公私财产遭受重大损失的，处十年以上有期徒刑、无期徒刑或者死刑。”（大前提）甲明知电网可能造成他人伤亡，仍然放任结果发生，对损害的发生有间接的故意，造成了严重后果（小前提），因此应定为“以危险方法危害公共安全罪”，应处十年有期徒刑（结论）。另一种观点则认为，根据《刑法》的规定，“过失犯前款罪的，处三年以上七年以下有期徒刑。”（大前提）甲将写有“电网危险”字样的警告牌悬挂于果园四周，只有在晚上果园无人看守时通电，说明甲并不希望发生死亡的结果，主观心理状态应是过于自信（小前提），因此应定为“过失以危险方法危害公共安全罪”，处三年有期徒刑。两种观点的根本差异在于，如何认定甲私设电网的主观心态。

在司法实践中，对于“间接故意”与“过于自信的过失”这两种犯罪心态的评判，是十分困难的。一般而言，法官是通过被告所陈述的防卫目的，防卫设施的性质、形状、位置、周边环境等因素，综合判断被告对危害后果的主观心态。但是人的心理状态变化无常，法官进行客观还原的难度很大。就本案而言，甲声称设立电网的目的是防止野兽进入，综合其他因素，认定甲对电网伤人的心态为“过失”，并无不可。但是，若认定甲为防盗，针对不特定人设立电网，对电网伤人的心态为“故意”，也有道理。依法官的个人价值偏好和生活经验，两种认定往往在一念之间，但是法官不同的认定对被告的利益影响却有巨大差异。

既然如此，不如换一种分析方法，用法律经济学思维来处理。从社会成本和财富创造的角度考虑，甲将写有“电网危险”发光字样的警告牌悬挂于四周，且只有在晚上果园无人看守时通电，表明甲付出了一定的防范成本，降低了发生危害结果的概率。若这个行为与未付出任何防范成本的行为不做区分，将会产生负向诱因，导致行为人不再对危险行为付出防范成本。相反，对于付出一定防范成本的行为差别定罪，处罚较轻，可以督促行为人进一步思考：如何通过防范成本的投入，降低乃至消除防卫设施的公共危害性，以保护个人利益和减少外部性，从而增加社会的财富。

从上述民事、刑事案例的分析中都可以看出，传统的法学教义思维，在很多情况下，因法官的价值观、生活经验、个人观点的差异，往往使裁判结果有很大的差异。而法律经济学的成本效益分析方法，可以为裁判提供一致的衡量标准和裁判尺度，并且有利于降低社会成本，增加社会的财富。

案例分析：融合组

传统法学三段论模式与经济分析的模式，有质的差异。学理上虽然可以交互探讨，但实务中往往难以融合。经济分析的方法能否融入实务案例，不妨再看以下两个案例。

民事案例

2012 年 1 月 6 日，陈某向银行申请开办签账金融卡（以下简称金融卡）。卡背面注明:“本卡不得转借他人使用，卡密码应妥善保管。”2012 年 6 月 4 日，陈某的卡内共存有 566810 元。2012 年 6 月 21 日 7 时，陈某通过银行的通知短信得知，所持金融卡通过终端机刷卡的方式，进行了四笔交易共计 54 万元，当即报案。经查，四笔消费分别发生在温州、广州，通过银行特约商户的终端机进行交易。刑事案件未侦破，陈某起诉银行，要求银行承担金融卡内的资金损失。

法院认为:（一）储户与发卡银行之间，是储蓄存款的契约关系。根据法律的规定，商业银行对储户存款具有安全保障义务。银行为储户提供金融卡服务，应当确保金融卡内的资料信息不被非法窃取使用。犯罪嫌疑人能够利用伪卡通过银行交易系统，进行四笔系争交易，说明银行制发的金融卡以及交易系统存在技术缺陷，未能充分尽交易安全保障义务。（二）银行为金融卡及相关技术、设备和操作平台的提供者，承担伪卡的识别义务更具成本和技术优势。银行可以通过对制卡和用卡的技术升级改造，有效防范和降低伪卡窃款事件的发生。（三）在损失分配方面，银行更容易获得伪卡交易损失的成本、频率和原因等详细交易信息，从而有效控制损失，银行也具有更强的经济、技术、法律能力，向有关责任方追偿，并且银行可以通过增加服务成本等形式，将个案损失分散在诸多持卡人和特约商户之间，减除了单一持卡人的大额损失风险。因此，应该据此判令银行对陈某的

54 万元损失承担赔偿责任。

追根溯源，利用伪卡窃取储户资金的犯罪嫌疑人，当然应当对储户的损失承担赔偿责任。但是，在刑事案件未侦破的情形下，本案争议的实质是伪卡风险及损失由谁承担的问题。从举证责任分配的角度看，对于是否因持卡人的过错导致金融卡被复制、密码泄漏，由持卡人还是银行承担举证责任也有争议。考虑到金融卡使用场所、环境及设备均由银行设定或指定，银行可以通过相关的监控设施，及时发现金融卡被复制、密码泄漏的事实，成本较低；而要求持卡人（不仅针对陈某，而且适用于所有持卡人）发现和证明金融卡被复制、密码被他人窃取的事实，并承担举证责任，成本显然要高得多。

如果将防范成本和举证责任分配给持卡人，储户的理性选择有二：一是尽量少用或者不用金融卡，以减少存款被盗用的风险——金融卡交易结算的效率，显然要高于现金结算或者带上存折本结算，而由此造成的后果，实际上是回归到低效率的结算支付，不利于交易成本的节约和社会财富的创造。二是个人通过加强防范行为和提高防范意识，避免金融卡被盗用——相较于银行采取防范措施，这种持卡人个人的防范行为是个体的、单独的。把此责任分配给银行，银行通过提高技术手段来防范金融卡及密码被复制，可以直接降低所有持卡人的防范成本。显然，把防范成本和举证责任分配给银行，更符合财富最大化原则。

刑事案例

张三无事闲逛，在路边水果店门口发现李四与王五正在下棋，便驻足观看。期间，张三讥讽李四下棋太慢，引发与李四的口角。张三破口大骂，李四情绪激动，争执过程中晕倒在地，送医院急救不治死亡。经法医鉴定：李四是因为冠状动脉粥样硬化性心脏病引起猝死，情绪激动是死亡的诱因。

查明事实显示，张三与李四并不相识，李四患冠状动脉粥样硬化性心脏病多年，张三对此不知情。争议焦点为：张三是否构成过失致人死亡罪。对此，一种观点认为，张三的行为导致李四死亡，构成过失致人死亡罪。另一种观点则认为，张三骂人不足以致人死亡，李四的死亡属于意外事件，不构成张三犯罪。

从法律规定的条文来看，《刑法》仅规定“过失致人死亡”，但对于何种情形构成“过失致人死亡”，并未进一步列明标准。从法医鉴定的结果看，张三谩骂导致李四情绪激动，进而诱发心脏病产生猝死，因此李四的死亡是“多因一果”。对张三而言，要对路遇的陌生人是否患有心脏病做出判断，须预知李四的病历或者现场进行体检，但两项成本很高，难以负荷。对李四而言，因长期患有心脏病，预见情绪激动可能致死亡，成本较低。如果认定张三构成犯罪，产生的影响是，与人交往，稍有口角即可能引发他人死亡，并因此入狱。现实生活中与人发生口角在所难免，为避免发生口角、谩骂，最好的方式是不要与人交往。但人为社会的动物，如果不与他人交往，如何增进合作，促进经济发展与社会进步？把每个人都变成惧于与人交往的孤独个体，显然不是立法所希冀实现的目标。

如果认定张三不构成犯罪，则可降低对“琐事争执导致过失致人死亡”构成犯罪的恐惧，增进陌生人之间的沟通、交流和信任，由孤独的个体可以形成合作。比较而言，在茫茫众生中，因言辞激烈而引发情绪激动致死的心脏病患者，比例仍是少数。为了防范此类事件的发生，可采的选项是：心脏病患者减少与陌生人交往和发生争执的机会，在熟悉的环境中静养。

由于患者更了解自身病情与禁忌，由患者选择生活环境与交往的人群，既能有效避免恶语伤人、情绪激动致死的结果发生，也不会造成全社会的人际交往恐慌，让社会公众可以正常选择交谈、交流，增进合作，促进财富创造，提升社会福利。因此，认定张三不构成过失致死罪，更符合《刑法》保护普通公民生活安全的立法本意，不致因这一罪名的存在，造成人际交往中的人人自危。

成本最小和财富极大的分析方法，并没有直接写进法律条文，但在司法实务案件中，却有不容忽视的重要意义。在金融卡盗刷案件中，对金融卡及密码被复制的举证责任分担问题、盗刷风险与损失的承担问题，都存有争议。仅仅根据“银行具有安全保障义务”的法律规定，还不足以论证盗刷损失由银行承担的正当性。判决引入防范成本最小和财富极大的分析方法，言之成理，更具说服力。

刑事案例中，《刑法》有关过失致死罪的法律条文，仅仅是罪名的同语反复表述。案件事实的多因一果，也给评价行为的因果关系带来困难。如果法官在法律适用上存疑，又如何以判决服人？引入经济分析，从成本最小、财富极大的角度分析，答案自现，令人信服。

琢磨方法论

和“初探”一样，对照组和融合组的分析，是利用经济学的概念剖析案情，并且做出明确的判断。同样，完成分析断案之后，值得在较高的层次上，琢磨这种做法更为丰富的内涵。

成本、财富和正义

关于成本、财富和正义这三个概念，各自的内涵和彼此之间的曲折，其实饶有兴味。先考虑成本和财富这两者，见微可以知著。如果目标确定，（其他条件不变下）成本当然愈低愈好；如果手上的资源固定，运用之后能够产生的效益自然愈大愈好。因此，成本和财富，可以说是一体的两面，只要阐释得宜，两者之间彼此呼应。

当然，成本和财富这两者，着重点不同。成本隐含着“除弊”，付出愈小愈好；而财富意味着“兴利”，未来的资源愈多愈好。抽象来看，除弊和兴利，无疑是公共政策的两个重要目标。因此，成本和财富这两者，是思考问题时（特别是公共政策），简单明确、可以诉诸生活经验、方便好用的“工具性概念”（tool-like concepts）或“概念性工具”（conceptual tools）。更进一步，无论成本或财富，都隐含着高下相对的排序（ordering）——成本有大小高低，财富亦然。因此，好坏良窳，自然有高下的比较。经济学里，以真实世界的具体事例为材料，通常是由“相对”的角度分析，而不是采取“绝对”的态度。

相形之下，正义是千百年来、法学奉为圭臬的崇高目标。对许多法学界人士而言，正义似乎有着绝对的地位。正义有高下、排序、刻度，好像不可思议。可是，和人类社会里的其他价值一样，追求正义也要面对取舍（放弃的是什么价值），也要面对刻度（追求到何种程度）。“为了正义，可以天崩地裂”的说法，对绝大多数受过经济学训练的人来说，是不可思议的，是想象、希望、揣测，而不是事实。

因此，对于正义这个重要的概念而言，成本和财富至少有两点启示：一方面，成本和财富的概念，具体呈现了价值排序（on ordering of values）的性质。另一方面，成本和财富的内涵，是由真实世界丰富的事实所充填，而不是诉诸个人的直觉或道德上的信念！

正义的身影

在法学（界）里，一旦提起正义这个概念，往往立刻引发热情、激情和豪情。可是，对于这个概念的来源和性质，却似乎众说纷纭，而不是众议佥同。

平实而言，正义是人类演化过程中，慢慢发展出来的概念。原始和初民社会里，不可避免会有烧杀掳掠、鸡鸣狗盗的大小纷争。为了能生存和繁衍，自然而然地摸索出一些做法，以及思维上对应的理念。由“以牙还牙、以眼还眼”“父债子偿、同门共责”等大小原则里，逐渐归纳提炼出一个最上位的概念，就是正义。

由此可见，正义不是来自圣人哲王，也不是来自宗教或道德。和人类的语言文字、器皿舟车一样，正义是人们发展出来的工具性概念（概念性工具）。退而除弊，进而兴利。事实一则，可以见微知著、画龙点睛：因为环境相对简单，资源又有限，原始初民社会里，没有刑法和民法、实体和程序的区分。而且，没有专业的法官、检察官、律师、警察等，宗族或部落里的长老是业余和兼职的司法人员，平日忙于生存（狩猎、防卫、生产等），有纠纷时才聚集处理。随着社会的发展，资源逐渐充裕，才有专职的法官和检察官等，也才有民事和刑事、实体和程序的区分。

由此可见，正义这个概念以及操作正义的方式，不是恒久不变的，而是与时俱进的，它受到诸多因素的雕琢和形塑。在农业和封建社会里，正义的内涵想必和工商业及现代社会不同，科技和市场经济已经逐渐成为推动社会的主要驱动力，正义的内涵自然会有实质的因应变化。既然如此，体会正义缓慢变迁，了解现代社会主要的脉动，才能更有效地阐释正义这个概念。小而操作司法的审判，大而调整和设计各种典章法制，配合乃至于推动社会的发展。

最后，两个小问题，也许可以凸显法学（界）值得面对和思考：对于日新月异的经济活动和衍生性金融商品，如何设计合宜的金融法规？对于网络世界的纠纷，需要哪些知识才能彰显正义？

结论

在前一章和本章里，分别介绍了两组不同的经济学概念：时间轴和A—A′，（最小）成本及财富（极大）。然后，再运用这些经济分析的概念，具体处理法官和检察官所面对的案情。

这种做法最直接的意义，就是清晰呈现了经济分析可以在司法实务上，具体处理问题。无论是刑事还是民事，经济分析都提供了明确具体的分析，对于法官、检察官和其他司法从业人员来说，了解（和运用）经济分析的概念，等于在自己的工具箱里多配备了一种工具（武器配备）。

进一步而言，这些经济分析概念的背后，其实有一套完整的架构，这个架构有助于了解社会，也有助于了解法学。当然，除了经济分析，其他社会科学也宣称有益于法学研究。经济活动强调竞争，学科之间也是如此。其他学科（特别是“社科法学”）至少要回答两个问题：第一，有没有一套完整的理论，可以了解法学问题？第二，对于具体的官司，能不能提供明确的解读和分析？

对于这两个问题，前一章和本章都做了清楚的回应。其他的学科（包括法学本身），盍兴乎来？

参考书目

① Buchanan, James M., *Cost and Choice*, Chicago：Markham Publishing Co., 1969.

② Coase, Ronald H., “The Problem of Social Cost”, *Journal of Law and Economics*, 3：1–69, 1960.

③ Posner, Richard A., *The Economics of Justice*, Cambridge, MA：Harvard University Press, 1981.

④ Posner, Richard A., “Wealth Maximization Revisited”, *Notre Dame Journal of Law, Ethics & Public Policy*, 2(1): 85–106, 1985.

第七章　法律经济学能断案吗？——三探

我们处理过去，是为了未来！——佚名

效率与正义

法学界大体而言可以分成两大块：法学院和司法实务。法学院里，教学研究、培养学生是重点。司法实务，公检法所代表的警察、检察官和法官，是实务工作的重点。法学院和司法实务，关系当然密切。法学院所生产出的知识、培养的学生，会进入司法实务。司法实务所面对的问题、所作所为，又成为法学院所研究的材料。而且，在两者之间还有立法这个环节，彼此配合，共同参与。

大陆法系里，在司法实务的检察和审判环节，“三段论”是众议佥同的操作准则：法律界定了大原则，案件本身的性质是小原则，如果两者之间有充分的交集，就可以形成明确的结论。然而，没有任何法学理论隐含（或法律条文规定），操作司法必须用三段论。三段论的做法只是经验法则的产物，这么做一般而言比较省事，因此三段论的做法，是一种工具性的安排，具有功能性的内涵。换句话说，这种做法可以降低司法运作的成本。然而，三段论只是一种工具，要充分发挥作用，还需要很多条件的配合。试想，如果三段论就可以操作司法体系，不会有专业法庭的设置，也不需要有二级二审（三级三审）的机制。哪些条件能使三段论运作得更为有效，使司法实务的论述更有说服力，显然是值得探讨的课题。

另一方面，在前两章里，借着结合经济学概念和实际案例，已经具体呈现：援用经济分析的概念，确实可以论案断案。因此，本章将转移重点，除了利用经济概念分析案情外，将在理论和实务上，阐明经济概念和法学核心价值间的密切关系。

具体而言，众所周知，效率是经济学的重要概念，而正义则是法学所揭橥的最高价值。两者之间的关联，中外文献上已经有许多讨论。本章将以前人的讨论为基础，用更晓白简单的方式，说明这两者之间可以党同，也可以伐异。通过效率这个概念，可以掌握经济分析的一些核心思维。而通过效率来解释正义，可以增进对正义的体会，不但丰富了正义这个价值的内涵，更有益于三段论的运用！希望这三次探索，庶几令人赞叹，而不是令人叹息！

经济分析：概念与技巧

在经济学里，**外部性**并不算是一个非常核心的概念，可是对法学而言，却有画龙点睛、一以贯之的地位。相形之下，效率是经济学者推崇的核心价值，对法学而言，效率和正义的联结，还是重要的探讨课题。

外部性

在任何经济学大辞典里，外部性都是重要的一项。外部性的概念，可以简单地定义为“一个人的行为对其他人造成的影响”。当然，一件事对其他人造成的影响，也是外部性。首先，很明显的，外部性是个中性的概念，因为外部性可正可负。同是煎鱼的香味，有人趋之若鹜，有人避之唯恐不及。情人眼中出西施，仇人眼里长刺猬。其次，在人的社会里，外部性几乎无所不在。一个人的行为，或大或小，或直接或间接，都可能对其他人造成影响。既然外部性有大有小、有好有坏，那么外部性和法律有什么关系呢？由外部性过渡到法律，可以说是直截了当、一蹴可及。

一言以蔽之，法律所处理的问题，就是外部性为负、而且严重的情况。杀人、伤人、偷、抢、诈、骗，都是最直接、俯首可拾的例子。在这些例子里，一个人的行为，对其他人造成很不好的影响。如果不处理这些情况，社会将有如都市丛林，或者永无宁日、恶性循环，或者分崩离析、无以为继。处理外部性的原则，其实很简单：杀鸡用鸡刀，割牛用牛刀。也就是说，大的外部性采取大工具，小的外部性动用小手段。根据这个简单自明、平实合理的原则，处理外部性的方式，可以看成是一道光谱。由左到右，并由小到大、由松到紧、由私到公。

对于小的外部性（讲话太兴奋口水飞到别人脸上，皮鞋沾了狗屎走进办公室），可能只是皱个眉头，或是一个不快的眼神。对于较大的外部性（借钱不还、搬弄是非、彻夜喧闹），可能开始动用街谈巷议，利用一般人所认同的风俗习惯，发挥舆论制裁。对于更大的外部性（偷、抢、骗、诈），私领域里的制裁手段已经无能为力，只好诉诸公部门的法律。而在法律的领域里，由小到大，可以进一步分成行政命令、一般法令、特别法、宪法等，不同的层次，隐含不同程度的外部性。再精细一点，罚款、拘役、有期徒刑、死刑，惩罚的轻重也正呼应了过错所隐含的外部性大小。在民事官司里（譬如车辆设计不良导致意外伤残），除了民事的损害赔偿，法院往往裁定，被告要支付“惩罚性赔偿”（punitive damages），目的就是希望产生宣示效果，遏止其他厂商推出设计不佳的产品，影响广大的消费者。在外部性小的民事纠纷里，就没有必要裁定“惩罚性赔偿”。

当然，同一桩行为的外部性，可能会随时空条件的变迁而改变，处理的方式也就值得与时俱进。最明显的例子，是婚外情的问题。在农业社会里，各个村落社区都是一个相对封闭的体系。一旦有婚外情，对于当事人、当事人的配偶、子女、亲戚，都带来很大的困扰。也就是，在那个相对封闭的体系里，婚外情产生很大的外部性。因此，寓禁于罚，对婚外情以刑法来处理。而在现代工商业社会里，特别是都会区的生活形态，是一个开放、流动性高的环境。而且现代人生活的隐私性增加，因此，婚外情不容易被发现，即使被发现，对整个体系带来的冲击也非常有限。也就是说，工商业社会、都会区里，婚外情的外部性变小。外部性变小，自然可以较宽松的方式来处理。在许多社会里，婚外情不再由刑法，而是改由民法来处理，真是有以致之。

效率

在经济学里，成本低隐含效率高，但是成本并不等于效率。效率是经济活动大幅度增加之后，才发展出的概念。

成本反映的，是为了追求或实现任何目标所需要承担的代价。譬如，希望市容整洁，就要动用人力物力来清扫维护；渴望事业成功，就要投入可观的精神和心力。无论追求任何价值，都要付出具体或抽象的资源。既然追求任何价值都有对应的代价，换一种说法，就是成本也可以反映在许多不同的价值里。譬如，“少壮不努力，老大徒伤悲”，伤悲，是一种情感上的成本。几乎在任何一种价值里（真善美、诚实勤劳节俭、公平正义等），都隐含着对应的成本。再次，既然真善美等各种价值，早就存在于人类社会，因此所对应的成本概念，也有同样悠久的历史。“省事”“方便”等用语，都婉转地表达了成本的概念。成本和人类活动密不可分。人类的历史有多久远，成本存在的岁月就有多漫长。

相形之下，效率的概念不过是近几百年来的产物。工业革命之后，大规模生产逐渐出现，经济活动的程度和范围，大幅度增加。通过市场交换的财货服务，在数量和金额上，远远不是原始社会或传统社会里的人所能想象的。工业革命之后，人们可以通过掌握科技开展各种可能性。而且，人们的考量不再是“以最小的成本，达到设定的目标”，取而代之的，是“如何以同样的资源，发挥最大的效能”。

效率，隐含了更高、更远、更快、更大的企图和目标，同时也隐含了以有形和有限的资源，去探索和实现无限的可能。粗糙地说，成本意味着“除弊”，而效率则反映着“兴利”。除弊，是在既有的框架里斟酌损益；兴利，则是挣脱既有的框架，攫取梦想里的果实。而且，成本和效率的对照，也凸显了守成和开创的差别。成本的概念，通常反映着目标既定、节约人力物力等资源。效率的概念，则透露出对更多更大的追求。因此，效率隐含着“向前看”的视野，以手中的资源，创造最可观的未来。

一个例子可以反映成本和效率之间微妙的曲折。一公升汽油能跑多远的路？这是各大汽车厂研发新车型时，念兹在兹的考量。在激烈的竞争下，每公升里程数不断攀升。在描述这个事例时，一般人会用“效率”的字眼，但是不会由成本来解释。可是，换一种描述方式，成本的概念就跃然而出：跑一公里，最少要多少汽油？这个事例透露了，成本和效率的着重点不同。效率，是放眼于追求未定的、不可知的果实；成本，是盯住手里的资源，小心翼翼。

案例分析：对照组

法律经济学的价值不仅限于理论，也在于实践运用。外部性与效率两个概念，可以作为分析司法个案的有力工具。以下各举一个民事和刑事的案例，从法学分析和经济分析的视角做一比较。

民事案例

妇产科医师甲，把诊所和病历转让（卖）给乙，移民澳洲。未几，不适应而回国，并在原诊所附近重新开业。乙生意萎缩，至法院诉甲，请求解除契约，并由甲赔偿损失。对于乙的诉请，法院是否应当支持？

有正反两种意见。一种意见认为：乙的诉请并不具备请求权的基础，应驳回；另一种意见认为：甲的“回马枪”导致乙订立契约的目的无法实现，构成根本违约，应当允许乙解除契约，并判令甲赔偿乙的损失。按照法学三段论的思维，是否应当支持乙的诉请，取决于是否符合台湾地区“合同法”及“公平交易法”的相关规定。甲与乙的诊所转让合同，就甲应避免在特定的地域内竞争，并未做出约定。而且，并不违反“合同法”的规定，也不属于“公平交易法”明确列举的不正当竞争行为。因此，乙不能以“合同法”及“公平交易法”，向甲主张违约责任或者损害赔偿。

有疑问的是：本案是否符合“合同法”的规定，“当事人一方迟延履行债务，或者有其他违约行为致使不能实现契约目的”，当事人可以解除契约，并根据“合同法”向甲主张赔偿？对于这个问题的争论，就转入对“契约目的”的解释。支持乙的观点，将甲在附近另开诊所的行为纳入“契约目的”的范围，认为甲的行为导致乙在特定地域内经营诊所获益的目的无法实现，构成根本违约，应当允许乙解除契约，并由甲赔偿损失。相反地，认为应当驳回乙的诉请的观点，则将甲的后续行为排除在“契约目的”之外，认为转让的是诊所，与避免在特定区域竞争的约定无关。那么，哪种判决更能体现公平正义？恰恰在这一层次的争论上，法学三段论的“涵摄”推理，无法在逻辑上自圆其说。甚至，对“契约目的”的任意解释，还可能成为法官滥用自由裁量权的借口。

尺有所短，寸有所长。不妨从经济分析的角度，重新审视这个案例。从合同缔结时看，甲乙双方各有不同的预期：甲出让诊所及病历，获取价款，移民赴澳；乙出资承接诊所及甲既有与潜在的客户，经营诊所收益。甲乙各取所需，各得其所：通过较小的交易成本，诊所得以维持正常运营，转让及投资都是有效率的。但甲折返之后重新开业，在有限的地域范围内，面对相同的客户群体，“重复投资”的问题客观存在，双方的投资效率必然减小。甲利用之前所积累的信誉与资源，对乙而言显有不公。因为，早知如此，乙也不会做低效率的决策。

进而言之，造成这种结果的原因，并不是乙的过错，而是甲违背了出让时的默示承诺（移民赴澳，不在原地域范围同业竞争）。在甲移民的前提下，诊所的转让价款包括了诊所的硬件设施，也包括了诊所所在地的目标客户（就诊患者）、诊所信誉的潜在价值等。换言之，合同的对价，实际上包含了乙的**信赖利益**——对当地的客户，乙将有持续稳定的营收。甲折返又起炉灶，必然吸引一部分乙的既有客户回流。甲在收取出让价款后，又获取了当地原客户的营业收益，是双重的获利。这种违背承诺以获取双重利益的行为，对乙的投资和经营造成损害，是一种负的外部性。支持乙的诉请，有利于遏制这种“一鱼双吃”的不诚信行为，减少负的外部性。

实际上，从社会整体来看，支持乙的诉请，不仅有利于提高投资效率，也有利于形成稳定的交易预期，更体现出“禁反言”的行为特质。“禁反言”——言而有信——正是法律对市场交易、商业文明的重要意义。

刑事案例

2009 年 2 月，江苏省盐城市许多市民在做饭时，发现自来水带有强烈的农药味，且愈来愈浓，于是向水务公司反映。水务公司检测后发现，城西水厂的水源，被标新公司排放的酚类化合物污染。

酚类化合物是原生质毒，属高毒物质，人体摄入一定量后，会出现急性中毒的症状。标新公司是化工企业，在生产过程中产生的废水，含有有毒和有害的酚类化合物，是属于政府环境保护部门所认定的“废水不得外排”的企业。公司执行董事胡某和生产厂长丁某，于 2007 年 11 月底至 2009 年 2 月间，将大量废水排放到公司北侧的五条支河内，流经蟒蛇河进而污染了盐城市区城西越河自来水厂的取水口。导致 2009 年 2 月 20 日，盐城市区二十多万居民饮用水停水长达六十七小时，造成直接经济损失人民币 543 万元。经查，标新化工公司曾因违法排放废水而多次被处罚，并赔偿周围群众所遭受的经济损失。对于标新化工公司及胡某和丁某的行为，如何定罪量刑？

一种意见认为，应当以重大环境污染事故罪定罪量刑；另一种意见认为，应当以投放危险物质罪定罪量刑。根据《刑法》的规定，**重大环境污染事故罪**是指：违反国家规定，向土地、水体、大气排放、倾倒或者处置有放射性的废物、含传染病病原体的废物、有毒物质或者其他危险废物，造成重大环境污染事故，导致公私财产遭受重大损失或者人身伤亡的严重后果。**投放危险物质罪**则是指：故意投放毒害性、放射性、传染病病原体等物质，危害公共安全的行为。两者在量刑幅度上也有很大的差别：前者刑期为三到七年；后者未造成严重后果的，处三年以上十年以下有期徒刑，致人重伤、死亡或者使公私财产遭受重大损失的，处十年以上有期徒刑、无期徒刑或者死刑。后者的量刑，显然重于前者。

在《刑法》的适用上，法学三段论的思维模式，主要通过《刑法》条文所规定的犯罪构成要件来定罪量刑。在犯罪客体上，重大环境污染事故罪所侵害的法益，是人类赖以生存的生态环境利益；投放危险物质罪侵害的法益，是公共安全，即不特定或多数人的生命、健康或重大公私财产安全。但两者有重合，也就是前者也可能涉及对公民人身、财产权利的侵害，或不特定多数人的生命健康。在犯罪的客观行为方面，前者表现为向土地、水体、大气排放、倾倒或者处置有毒害物质的废物或者其他危险废物；后者表现为故意投放毒害物质，危害公共安全的行为。两者也有重合，涉及行为竞合的问题。

对于本案的定罪问题，法院认为：区分两个罪名的关键，在于**主观状态**和**侵犯客体**：重大环境污染事故罪，主观方面表现为**排放的过失**；而投放危险物质罪，在主观方面表现为**投放的故意。重大环境污染事故罪侵犯的客体，是国家对环境保护和污染防治的管理制度；投放危险物质罪侵犯的客体，是不特定多数人的生命和财产安全。本案中，胡某和丁某明知公司不得直接向外排放毒害性废水，并曾因排放废水被行政处罚，且常年赔偿公司周围群众的经济损失。在间接排放废水已污染公共环境的情况下，非但不采取防污措施，反而直接排放毒害性废水，导致居民饮用水源被污染的严重后果。

主观上，胡某和丁某明知，偷排废水会产生危害公共安全的结果，而且有放任危害结果发生的意志。因此，胡某和丁某构成投放危险物质罪的间接故意，客观上危及不特定多数人的生命和财产安全，已符合《刑法》规定的投放危险物质罪的构成要件，应当认定构成投放危险物质罪。

从经济分析的视角看，将含有毒害物质的废水排入居民饮用水源，显然形成了负的外部性。这种负的外部性，对生态环境及人的生命财产安全都带来危害。《刑法》分别设置了重大环境污染事故罪和投放危险物质罪，两个不同罪名及相应的量刑幅度，体现了对犯罪行为外部性的不同评价。比较而言，生态环境的污染对人的生命、财产安全可能造成的损害相对较为缓慢、间接。譬如，因为企业的废物排放造成对水土、空气的污染。而投放危险物质，则对不特定的众多人的生命健康造成直接的威胁，损害直接、急迫，而且涉及人数众多，危及的是公共安全，因此《刑法》赋予了更为严厉的刑事责任。从行为表现来看，重大环境污染事故罪表现为**排放**，立足于自身的经营行为，造成的负外部性相对较小。而投放危险物质罪以**投放**为表征，表现了更为突出的主观恶意，也给社会公众的生命健康安全带来更大的负的外部性。

本案中，胡某与丁某明知，标新公司排放废水中含有有毒物质，并已经受到多次行政处罚且做出民事赔偿，却仍然将废水排入“居民饮用水源”，等于是将危险物质投入居民饮用水源。所造成的外部性，不仅是对生态环境的污染，更直接危及饮用水源供给和居民的生命健康。因水务公司采取紧急措施，才避免了更大危害结果的发生。因此，本案以**投放危险物质罪**定罪量刑，更符合立法者的本意。按照向前看的思维，本案判决的意义还在于，以此诱使排污企业将污染的外部成本内部化，因为防范成本最小，资源配置更具效率。适用投放危险物质罪的罪名，更有利于发挥《刑法》的威慑作用。在减少对生态环境污染的同时，促使企业对社会公众的生命健康安全，给予更高的注意义务和保护措施。

司法实践中的疑难民事和刑事案件，常涉及具体的法律适用和法律解释问题，而且基于不同的观点，产生截然不同的裁判结果。上述民事案例，涉及对“契约目的”的解释问题，但在这个关键问题上，对于一个具体的契约是否属于“不能实现契约目的”，却无法通过法学的三段论逻辑加以验证。刑事案例中的两个罪名有交叉、竞合之处，但罪名的选择，也难以超脱对法律条文本身的争论，易陷入说理不足的循环论证。

持有异见的各方，各抱“正义”的执念，却未必能说服对方。经济分析引入效率与外部性两个概念，分别对不同方案进行比较，有理有据，更能显现裁判观点的“所以然”，从而大大增强裁判的说服力。

案例分析：融合组

经济学研究人的理性选择，不限于市场行为。市场是理性选择的结果，婚姻家庭等其他领域也是理性选择的结果。以下各举一个民事和刑事的案例，从法学和经济学的视角做比较分析。

民事案例

张男与刘女是同事，张男是部门经理，刘女是部门的职员，两人均未婚。2012 年 7 月，张男在刘女家为刘女补习业务知识，因为时候已晚，张男留宿，两人发生性行为。三个月后，刘女因下腹疼痛就医，诊断为“子宫外孕”，手术切除一侧输卵管，造成刘女十级伤残，经济损失及精神损失数万元。刘女起诉张男，认为因张男诱骗而发生性关系，张男应当对损害承担责任。张男则主张：双方只是同事关系，并非恋爱关系，是刘女主动留宿，责任应由刘女自负。

对于这个案件，一种观点认为：每个人都要为自己的行为负责，两性关系也不例外。众所周知，性行为可能导致女性妊娠、流产等生理变化，而且常常会对身体造成一定程度的伤害。如果性行为是基于夫妻关系，属于生理上、心理上和伦理上的正当需求，造成一定的身体损害时，无可厚非，夫妻可以共同面对而化解损害，不会是侵权。本案中，张男明知自己没有恋爱、结婚的目的，也明知自己不愿承担性行为可能产生的损害，仍然与刘女发生性行为。虽然证据无法证明是刘女所主张的“诱骗而发生性行为”的情形，但是张男的行为仍是一种不负责任的行为，与普遍的道德观背道而驰，应当受到法律的惩处。张男的行为有过错，应当承担相应的侵权责任。

另一种观点则认为：男女自愿的性行为，是普通的交际或者情爱关系，既不是法律行为，也不是违法行为，不应当受到法律的惩处。刘女的损害是生理风险，并非侵权行为所致。张男不应当承担侵权责任，最多是分担部分经济损失，属于补偿责任。法院的裁判没有采纳这种观点，而是指出：不以恋爱、结婚为目的的性行为有害。《侵权责任法》考虑的是，行为人是否承担了损害的成本，而且进一步考虑，行为人能否事先做必要的安排，避免性行为的风险。

从经济学的角度分析，法院的裁判结果是正确的。借着提高此类行为的成本，可以减少无效率的性行为，降低社会成本。因为，人是理性而自利的，为了追求私人的财富最大化（包括精神财富，如爱情、亲情），常常在权利的边界选择自己的行为，以到达效益的边际。如此一来，就往往不可避免地产生某种外部性，溢出自己的权利边界。尤其是负的外部性，会对他人的权利造成侵入与损害。行为人在享受效益的同时，增加了其他的私人成本或社会成本。对这类问题进行规制的方法，有两种：一是积极传递不对称的信息，降低交易成本，提高交易效率，对负的外部性提前预测和事先安排，降低潜在的损害或者风险；二是对已经产生负外部性的行为，课以侵权责任，使负外部性内部化。前者是以产权最优配置的方法，后者是用增加有害行为成本的方法，两者的目标都是减少社会成本，实现财富最大化。

假定本案的刘女是出于对张男的倾心，在互动中处于主动，那么刘女是否自甘风险呢？答案是否定的，天下没有免费的午餐，即使是最亲密的情侣或夫妻，也要共赢、各取所需，才能形成互利的均衡。性行为具有信号的功能，暗示了维持长久的情侣关系或者夫妻关系，除非在特殊情况下，有明确的相反的表示，否则这种暗示是成立的。这正是《民法》所要保护的信赖利益，经济学解读为节约交易成本。张男为理性人，应当能判断出信号的含义，也应当能理解：性行为不仅会导致刘女的生理变化，刘女也可能为此丧失了机会利益。

其实，刘女的损失远不止这些，加在女性头上的“贞操观念”根深蒂固，不以恋爱、结婚为目的的性行为，是随便的表现，将造成女性的贬值。因此，刘女牺牲了自己在婚姻市场上的未来利益。张男没想过要与刘女建立恋爱关系，却对刘女的邀请照单全收，是明显的失误，甚至是有意的机会主义。张男的行为给刘女造成错误的假象，进一步鼓励刘女做出错误的判断。

这种不以恋爱、结婚为目的的性行为，成本的付出不但没有效率，而且是降低效率的。仅仅是给张男一次额外性行为的机会，不会产生收益，有负的外部性。占有他人的资源，在法律上就会评价为不道德，背后的经济学逻辑是资源没有得到最优配置。如果不能通过降低交易成本的方法，实现资源配置，《侵权责任法》就会伺机而动，并称之为救济，经济学则解读为外部性的内部化。为自己错误的举动，张男要埋单。

退一步而言，在西方社会，性行为已经有了性质上的变化，不再涉及两性之间持久的恋爱或婚姻关系，而纯粹是彼此间的“娱乐活动”（recreational activity）。即使如此，性行为还是隐含潜在的风险（怀孕、艾滋病等）。因此，采取适当的预防措施，可以避免两人之间产生负的外部性，对社会整体，长期而言，避免负外部性的预防措施，当然是有效率的！

刑事案例

王某驾驶小型轿车在路口直行，撞击正横向左转的赵某的二轮摩托车右侧，造成赵某受伤，双方车辆都有不同程度的受损。案发时，赵某被送至医院抢救，经鉴定为重伤。同时，王某以自己配偶穆某的名义，拨打110电话报警，并且穆某赶到现场开走肇事车辆，并向交通警察表明自己是肇事者。交警对穆某进行酒检，结果是未饮酒。交警调取监控录像后，发现穆某是假冒顶替，于是策动王某投案。

案发后，交通警察以王某逃逸为由，认定王某要负事故的主要责任。案件提起公诉，王某的辩护人提出辩护意见：警察已经以逃逸为由，认定王某负事故的主要责任（民事），王某已经付出了代价，如果再将逃逸作为构成交通肇事罪（刑事）的要件使用，是对逃逸行为进行了双重惩罚，违反了禁止重复惩罚的原则。

法院认为，禁止重复惩罚的原则，只适用在《刑法》的范围内，不同性质法律责任的惩处，可以重叠交叉。在事故责任的认定上，对王某的逃逸行为是进行行政法的论处，交通警察以逃逸行为认定王某承担事故主要责任，符合行政法规的规定（民事）。同时，逃逸又符合《刑法》中关于构成交通肇事罪的规定，王某的行为应上升到《刑法》的惩处——《刑法》及其相关司法解释规定，构成交通肇事罪，应当以受害人死亡为要件。交通事故中受害人重伤的，肇事方一般不构成犯罪。但是，肇事方有醉驾、逃逸等情形的，则按照交通肇事罪论处。因此，应判定王某有罪。

实务中，警察往往以逃逸为依据，认定被告人承担全部或者主要责任（民事）。在以逃逸认定责任的第一次惩处后，能否再作为入罪理由进行惩罚（刑事）？这一点，就是这类案件所要回答的问题。

从经济学的角度检视，法院的裁判可以有不同的解读：惩罚的主要目的，是防止类似的犯罪，这意味着惩罚加大了犯罪成本。增加犯罪成本，可以减少犯罪率，等于降低了预防犯罪的支出。用经济学的观点，惩罚的效果取决于：提高惩罚的严厉性、惩罚的概率性，以及惩罚的及时性。禁止重复惩罚，就是禁止刑罚升格，背后的经济学逻辑很简单：降低惩罚成本，可以减少惩罚的投入，实现边际威慑效果，可以鼓励犯罪行为人，以较轻的危害行为取代较重的危害行为。但是，禁止重复惩罚是有前提的，也就是能够充分保障惩罚的概率性和及时性。逃逸恰恰降低了破案率，降低了惩罚的概率性和及时性。如果不提高惩罚的严厉程度，会削弱惩罚的威慑效果。因此，对交通肇事逃逸重复惩罚，符合刑罚背后效率最大化的目标。同时，加重逃逸的惩罚，就是增加逃逸的成本，可以鼓励交通肇事行为人放弃逃逸，及时投案，主动接受法律制裁，从而降低国家对交通肇事的管理成本，符合刑罚背后效率的考虑。

对于这个问题，法院的裁判还可以从另外一个角度来解读。王某驾车肇事，撞伤赵某，明显产生了负的外部性，应当处理。王某为了逃脱酒驾罪行，找自己配偶假冒顶替，这个行为也产生了负的外部性——司法体系必须耗费资源，处理假冒顶替所涉及的罪刑。如果辩护律师的理由成立，王某的逃逸只能用在民事部分，而不能用在刑事部分，那么王某行为所产生的外部性，就只有一部分得到处理。无论是这种行为本身，还是其所产生的示范效果，长远来看，都是不好（不效率）的。在成本可负荷的前提下，值得处理行为所引发的各个外部性。

人的行为是理性的，又是自利的。法律正是利用人的这种特性，影响他们的行为。人们遵守法律不是畏惧法律，而是来自他们对法律效果的判断。如果守法带来的收益大于违法带来的成本，那么人们会选择守法；反之，人们则会选择规避法律和违反法律。

方法论探微

这一节里，将从两方面进一步琢磨前后三探的意义：效率和正义的关联，以及经济分析和法学。

正义和效率

正义和效率，分别是法学和经济学所推崇的核心价值（在政治学、社会学，乃至于历史、文学等学科里，似乎没有类似的核心价值。在智识的探索上，这本身就是一个有趣又有挑战性的课题。同样，效率这个字眼，并没有太多价值判断的成分；相形之下，正义这个字眼，却有浓厚的道德性、正当性。这又是一个有意义的课题，值得进一步探究）。这两者之间的关联，文献里已经有很多讨论。在前人心血的基础上，本章希望另辟蹊径，再添新意。具体而言，本章将探究这两个概念各自的内涵，再尝试阐明彼此之间的关联。

效率在经济学里有很多种定义，就本章的主题和内容来看，可以简单地表述为："效率，就是使（让）资源流向价值最高的使用途径。"观念上，这其实平凡无奇，没有太多争议。当然，在这个简单的叙述之下，隐藏着需要进一步澄清、界定的概念。譬如，"价值最高"指的又是什么？科斯以"社会产值最大"，而波斯纳以"财富极大"，来具体表达。也就是，至少在最基础的分析上，经济学者心中的"价值"，是指能用货币，也就是市场价格（也就是数字）所表达的。

相形之下，正义的身影却有点模糊。其实，要体会正义的意义，必须把画面稍稍放大。在进化的过程中，群居的人们会发展出一些"游戏规则"，彼此才能相安无事、共存共荣。对于不可避免的摩擦纠纷，需要善后。久而久之，善后的方式形成了一套规则，也就是法律的雏形。善后的方式，原先非常具体（以牙还牙、以眼还眼等），而后逐渐类型化、抽象化。慢慢地，归纳出一个核心、抽象的概念，就是“正义”。因此，追根究底，正义和法律（或律法）密不可分。两者搭配运作，而不会单独出现。而且，由因果关系上看，群居生活有摩擦是“因”，法律和正义是“果”，也就是，法律和正义的出现，主要功能是善后除弊——两者都是一种工具性的安排，具有功能性的内涵。

然而，随着市场经济的扩充、都会化的发展，人际的相处迥异于往昔，对各种游戏规则的需求大幅增加。而且，“除弊”的成分下降，“兴利”的成分明显上升（当然，抽象来看，除弊的作用还是为了兴利）。譬如，教育政策、金融市场、经济发展等，都是通过法律推动。很清楚地，这些法律的性质不在于除弊，而在于兴利。正义和除弊之间，容易联结；正义和兴利之间，并不容易联结。刚好，效率本身就隐含兴利，正能够济其穷。

事实上，工业革命之后的社会发展，效率已经成为主要的价值之一。由效率来阐释正义，为正义充填新的、有积极正面意义的内涵，谁曰不宜。而且，效率隐含刻度（效率的高低），传统法学里，正义的刻度却似乎是陌生（至少是生疏）的概念。把效率的概念引进法学，有助于思辨论述，在斟酌取舍时，可以使正义的概念更有操作性，更明确可鉴！

经济学和法学，回首来时路

对于初探、再探、三探的智识之旅，可以在两个层次上琢磨含义：这三章本身，以及经济学对法学的意义。

三章里，都采取了同样的模式：先是对照组，然后是融合组，这种安排的主要考虑，是循序渐进，展现利用经济分析处理案情的步骤。而且，这两种做法，刚好呼应了大陆法系和英美法系的差别。更根本的，是可以比较法学教育和经济学教育的基本内容。关于法学教育的问题，主要有两点：首先，教学上以“法条”为主，这是课堂讨论的起点，也往往是唯一的重点。学子们生吞活剥，勉强咽下甲说乙说等。可是，知道法律“是什么”，却不能体会“为什么”。这种教学方式，有点像是“锯齿法”——只处理部分，而不是整体。其次，对于《民法》《刑法》等部门法，学子们可以朗朗上口，可是对于整个法律体系，却没有一以贯之的理论。最多，只有一些道德哲学，一些想当然的教条和信念。

相形之下，经济学教育的基本内容，有理论架构，而且层次分明。首先，对于市场的经济活动（买卖、生产和消费），在微观和宏观层次，都有明确的架构。而后，利用探讨市场的分析架构，去探讨非市场的社会现象，家庭、宗教、政治、社会等。对于法学，经济学的领域之一，是“制度经济学”（institutional economics）。法律是典章制度的一部分，只要把探讨制度的理论应用到法律上，自然水到渠成，毫不费力。

抽象来看，整个流程可以归纳为一句话：“先了解社会，再了解法律。”而且，在分析买卖双方、消费者和生产者互动时，经济学可以锱铢必较，把彼此对立的利益，极其细微精致地切割、再切割。两者之间，利益此消彼长，是非常正常的情境。这和官司里原告被告的纠纷、天平两端砝码的此增彼减，性质上无分轩轾。还有，传统法学的理论，多半是以道德哲学为基础，本质上是一种规范式分析。“由概念到概念”，诉诸权威或信念。经济分析的基础是经济活动，本质上是一种实证分析，说服力主要来自于证据。

因此，对法学而言，经济学至少有三点值得参考借鉴：第一，对于社会现象，有一套完整的分析架构。第二，对于彼此冲突的利益，有致广大而尽精微的分析。第三，实证式的分析，提供强而有力、真实可信的论述。这三点特质，在各种理论百家争鸣的法学院里，也许不容易凸显。然而，在司法实务上，法官、检察官判断的尺度简单明确：多言无益，能对工作有实际帮助的，才是好的理论。能抓得住老鼠的，才是好猫，不管姓德姓日，不管颜色如何！在实际案例上检验经济分析，明确而直接。经济分析有没有说服力，让证据说话。

结论

从1960年起，经济学者开始向其他领域（政治学、社会学、法学等）扩充。众议佥同，经济学者在法学领域的耕耘最为成功。成果丰硕的重要原因之一，是经济分析有助于处理法学问题，包括对实际案例的处理。

在中文世界里，法律经济学还在萌芽起步的阶段。就法学界的情况而言，百家争鸣，各擅胜场。理论上的主流，还没有成形。因缘际会，经济分析刚好可以参与竞争，在理论的战场上，和其他学派理论一较高下。如果经济分析有说服力，能逐渐成为法学理论重要（或主要）的一环，意义深远。一方面，乘虚而入，以实力取得地位；另一方面，历史上从没有出现过一个有十四亿人口的大陆法系国家，有太多的材料值得探索，有太大的空间可以发挥。对于大陆法系的法学理论，如果法律经济学能做出贡献，将是重要的里程碑。当然，下一个里程碑，是对包含大陆和英美法系的法学理论，添增新的智慧。

无论如何，在"初探"和"再探"的基础上，本章第三次运用经济分析的概念，论述实际的案例。对法学而言，外部性和效率看似陌生，其实有很大的发挥空间。此外，本章论证效率和正义之间的关联：效率并不（需要）等同于正义，然而效率隐含刻度。在追求正义时，刻度的高下是重要的提醒。法律经济学，不只可以断案，而且可以为法学带来新的养分。

参考书目

① Garoupa, Nuno, and Liguerre, Carlos Gomez, "The Evolution of the Common Law and Efficiency", *Georgia Journal of International Comparative Law*, 40(2): 307–340, 2011.

② Okun, Arthur M., *Equality and Efficiency: The Big Tradeoff,* Washington, D.C.: The Brookings Institution, 1975.

③ Papandreou, Andreas A., *Externality and Institutions*, Oxford: Oxford University Press, 1998.

④ Tribe, Laurence H., "Constitutional Calculus: Equal Justice or Economic Efficiency?"

⑤ *Harvard Law Review*, 98(3): 592–621, 1985.

第三部

迈克尔·桑德尔（Michael Sandel）对市场（和经济学/者）的质疑和批评，不仅涉及道德，也和方法论有关。关于权利和义务之间的关联，也和法学的方法论有关。法律和道德的关联，更是如此。因此，看起来可能是实质问题，其实更重要的是程序（分析方法）问题。

第八章　论桑德尔论市场

道理最好浅中求，真佛只说家常话。

经济活动，你知我知

学术界里的名人轶事，有些和金钱牵连在一起。诺贝尔奖得主保罗·安东尼·塞缪尔森（Paul Anthony Samuelson，1915—2009）的《经济学原理》（*Economics*）是经典，也是畅销和长销书。日文译本的学者，单单靠日文版的版税收入，就成为小富。他用版税买来的房子取名为“豪贵之宅”（The Royalty House）——一语双关，名副其实！另一位学术界超级巨星，桑德尔当之无愧。他在哈佛的公开课程，通过电视媒体，享誉全球。他在韩国发表演讲，是在能容纳数万人的露天运动场。他的收入当然也就和披头士、猫王、“女神”等演艺界传奇，属于同一个级别。相形之下，“超人”尼采曾经推出作品，首印40本。这种天壤般的差别，刚好和这一章的主旨相关。

另一方面，18世纪的工业革命，给人类社会带来巨大的冲击。曾经有人比拟：把人类历史看成一天，工业革命前有23.5小时，之后才只有短短30分钟。可是，这半小时所发生的变化，却远远超过前面23.5小时的总和！工业革命带来的变化，可以从很多方面观察。其中之一，当然是经济活动和市场。工业革命使**大量生产**（mass production）成为可能，商品市场大幅扩充。利润动机又滚雪球般地引发一波又一波的发明、创造、市场/商品化……在这个前所未有的大变局里，市场占有举足轻重的地位，殆无疑义。

结合前面两个因素（桑德尔和市场），就是这一章的背景。具体而言，桑德尔的近作《钱买不到的东西：金钱与正义的攻防》（*What Money Can't Buy: The Moral Limits of Markets*），在很多国家和地区，都高居畅销书排行榜。身为哈佛大学的讲座教授，以政治哲学（political philosophy）为专业，桑德尔对市场提出质疑，对经济活动提出反思，也对经济学者提出忠告。

这一章将以桑德尔的论述为起点，在智识上往前推进。对于学术活动，一种比拟是“站在前人的肩膀上”；另一种譬喻是，对同一座雕像，由不同的角度打镁光灯，希望烘托出雕像较完整的神韵。这一章的性质，比较接近后者，原因很简单：经济活动，你知我知，市场的基本性质无需通过《经济学原理》，老幼妇孺皆知。对市场的解读，不需要站在高处，对于触手可及事物的阐释，也无须高论。道理浅中求，真佛只说家常话。多言无异，让证据来说话！

桑氏论和论桑氏

桑德尔对市场（和经济学者）的批评，不是借着方程式或图形，而是一些活生生、有血有肉的例子。对于桑氏质疑的回应，经济学者有礼有节、论述有据、毫无肝火！

桑德尔论

桑德尔论说的方式，脉络很清楚：他先描述一些事实，而后从中萃取出一些深刻的观察。书中的故事很多，两个具体的事实，至少在经济学界广为人知。

首先，捐血救人在很多社会里都是广受赞美、众人参与的懿行。然而，在很多社会里，卖血换钱也是一直存在的事实。桑氏引述研究资料，清楚说明屡见不鲜的事实：在血荒时，如果医疗单位呼吁社会大众捐血，往往有明显而立即的效果。可是，在血荒时，如果医疗单位呼吁和征求社会大众卖血解困，不但效果不佳，甚至会导致捐血人数减少！

其次，他引述在以色列进行的小规模测试：托儿所放学时，往往会有父母迟到，增加托儿所行政上的负荷和困扰。后来，托儿所宣布新的措施：凡是迟到的父母，要缴款项若干，希望以价制量，借着设置“罚款”，改善父母迟到的现象。没想到，出乎大家的意料，罚款的措施公布之后，迟到的父母反而明显增加！

由这些生动的事例里，桑德尔归纳出市场（经济活动）的两点特质：第一，某些物品（东西），不在市场里交易，性质可能很简单；一旦进入市场，成为交易的对象，性质就可能发生变化。捐血卖血，是明显的例子。第二，一旦让金钱有发挥的空间，很可能就排挤或取代了道德。原先道德能施展的范围，反而可能缩小，甚至消失——有了罚款之后，父母借金钱而取得迟到的权利，原先守时、体谅托儿所的情怀，反而大幅萎缩。

除此之外，桑德尔还进一步发挥，对经济学者提出忠告：市场里的经济活动（以及必然涉及的金钱），并不是“价值中立”的。市场和经济活动与道德之间，有着微妙而重要的联系。对于市场和经济活动所涉及的深层价值，经济学者值得转向道德哲学和政治哲学。当然，意在言外的是：道德，是人类社会的基础，在市场和经济活动里，也应该（或更应该）受到重视。

论桑德尔

桑德尔的故事未必是向经济学者叫阵喊话，可能还有其他主要目的：展现自己的聪明博学、增进读者对市场的了解、维持本身的市场价值，等等。然而，直接间接，经济学者觉得如鲠在喉，有话要说，因此，桑氏的书引发经济学者一连串的回应，最有代表性的，是伦敦经济学院（London School of Economics）的蒂莫西·贝斯利（Timothy Besley）教授。他的主要论证，可以约略总结成几点。

首先，货币金钱和买卖交易，会改变东西（物品）的性质，符合常情常理。送病人一束鲜花，和送一张百元面值的购物券，感受不太一样。捐血和卖血，情况类似。然而，面对血荒，一种方式是道德劝说，鼓励民众捐血；另一种方式，是提供买（卖）血的信息。即使买（卖）血的讯息会令一些潜在的捐血者却步，如果血荒持续，价格提高，效果未必比道德呼吁来得低。原因之一，是金钱货币很容易转换成别的价值，而别的价值（包括道德）之间，不一定容易转换。就公共政策而言，很多时候金钱货币这种价值，效果直接而明显：呼吁驾驶人遵守交通规则，和增设监视器及违规罚款，两者之间的高下如何，无需多言！

其次，经济分析的逻辑性很强，因此分析问题时，往往先针对一个因素考量：当这个因素改变，而“**其他条件不变**”时，情况会如何？“价格上升，需求量减少”，是经济学里根本而重要的“需求定律”，普遍成立。以色列托儿所推出“迟到罚金”，迟到的父母反而增加，看起来违反需求定律，实则不然，因为“其他条件”已经改变。对于迟到的父母而言，原先是借交情请托儿所帮忙，万一有差池，自己要承担相应责任。迟到变为付罚金之后，情况变成一种契约性关系：父母付钱（罚金），托儿所照顾幼儿。托儿的责任已经由父母身上，转移到托儿所身上。因此迟到的父母增加，完全合于情理。值得进一步追究的是，如果罚金继续增加，到何种程度，迟到的父母会开始减少？这时候，需求定律再次以简单直接的面貌出现。这些考量，在后续的研究中都已经得到证实。

再次，对于“市场”，许多人提出很多质疑，特别是援用道德，在道德的量尺上对市场做出价值判断。经济学的核心观念之一，是“成本”，用白话文表示：运用资源（做事情）有很多方式，不采取这种方式，替代方案（机会成本）如何？换句话说，桑氏指摘以“市场”运用资源，有可议之处。这种指摘只是故事的一半。另外一半，是除了指责，能负责地提出有效的“替代方案”。众所周知，“市场经济”的替代方案，是“计划经济”。在理论上的论对，容或有孰优孰劣的未定之论。

最后一点，是论述的方式，也就是涉及了方法论。经济分析已经有一套众议佥同的基本架构，在理论或实证上，循序渐进。然而，桑氏的论述，最多只算是个案研究。既没有揭橥一以贯之的分析方法，也没有论证在哪些条件下市场会对道德带来冲击。就严谨性和一般性而言，桑氏的论述还有很多待填补的空间。当然，一部作品所应承担的责任有限，桑氏能引发大家（特别是经济学者）的思考，已经是重大贡献。他做了很好的引言，后面的篇章显然还有待来者！

论市场

前面一节分成两部分，分别是：桑德尔论和论桑德尔。主要是整理和总结，回顾已经有的论述。这一节开始，将另辟蹊径，针对“市场”和“道德”，由不同的角度打出镁光灯。这一节的重点，是阐释市场和经济活动的意义；下一节的重点，则主要是把市场和道德联结在一起。

一叶可以知秋，桑德尔的书名《钱买不到的东西：金钱与正义的攻防》，已经隐含对经济活动和市场的质疑。货币和金钱是经济活动的媒介和成果，却不是“万灵丹”，确实如此。可是经济活动和市场的正面意义，也值得仔细琢磨。具体而言，经济活动和市场，特别是工业革命之后，给人类社会带来巨大的冲击。主要的几点正面意义，可以简单阐释如下。

首先，在传统封建社会里，财富主要是靠世袭、争战或掠夺而来。工业革命之后，大量生产使经济活动大幅扩充，中产阶级形成，人类的生活质量不断提升。这一切巨变，都环绕着市场。稍微详细一些：工业革命带来量产，而量产使经济活动蓬勃发展。通过市场的交易，买卖双方互蒙其利。在供给面，随着市场规模的扩大，企业家得到可观的利润，利润再投入研发和生产，创造更多的利润。在需求面，随着商品种类的多样化和价格的普及化，消费者有能力购买更多的产品。经济活动的内在动力，使市场的范围（深度和广度）一波高过一波。

中产阶级快速形成，生活水平、医疗、卫生、教育等各方面，都有长足的进展。毫无疑问地，随着物质条件的改善，人的尊严也普遍上升。这是不争的事实，主要的驱动力，是人们改善自己、追求利润的动机，而通过的媒介，就是经济活动和市场。

其次，经济活动和市场有很多特质，利弊掺杂。为人诟病之一，是市场交易必须是有生产力的人才能参与。对于身障智障等弱势群体，不具备生产力的人，自然不能享受经济活动的果实。这是事实。然而，随着中产阶级的扩大和财富的累积，国家所取得的税收也愈益可观。通过各种公共政策，弱势群体的福祉，事实上得到前所未有的照顾。小事一桩，可以透露许多讯息：目前，在任何稍有规模的城市里，人行道上都铺有导盲砖。三五十年前没有导盲砖，但是三五十年前的盲人必然更多，主要是卫生医疗条件使然。因此，随着经济活动的进展，不但中产阶级（社会的主流价值）福祉增加，弱势群体（各种小众文化）也得到前所未有的照拂。

再次，**随着经济活动和市场的不断扩充，人们的理性程度也逐渐增加**。这是微妙、重要而一直被忽视的一点，值得仔细琢磨。具体而言，先想象一个传统的农业社会：春夏秋冬，周而复始；婚丧嫁娶，各有所依。无论农事与否，生活里的大小事项，都有历代相传、众人所知的风俗习惯。只要遵循风俗习惯，每个人都不需要动太多的脑筋。而维系风俗习惯的，正是道德上的对与错，以及对应良心上的自我（内在）与他人（外在）奖惩。因此，在一个传统社会里，个人行为所依恃的，主要是风俗习惯遵循与否的决定，以及对应的奖惩。既然风俗习惯的维系和道德密不可分，传统社会里充斥着是非对错的价值判断，也就不足为奇：遵守老祖宗世代相传的做法，是对的；违反众议佥同的规矩，是错的。每个人所面对的选择，是对与错之别，个人自主思维的成分小，风俗道德主导的成分大。

相形之下，现代社会的市场经济，一个人走进超市，看到可口可乐一瓶15元、百事可乐一瓶16元、七喜汽水一瓶17元（或相反），选哪一种饮料全凭个人好恶，和对错无关。同样道理：由北京到上海，可以搭飞机、自己开车或坐高铁，看各人情况，可以有不同的取舍，没有所谓对错可言。而且，生活里触目所见、俯首可拾的，是各种直接间接、明白隐晦的“价格”：出租车、公交车、电动车或自己开车；公立学校或私立学校；才艺班、补习班、家教等。每个人根据自己的情况，斟酌损益，做出对自己而言“较好的”取舍，没有太多的风俗习惯可以依恃，和对错无关，更和道德高下无涉。连带地，每个人逐渐习惯的，是良莠高下的思维，而依恃的参考坐标，是环境里生活中无处不在的各种讯息。人，不再跟着风俗习惯走，而是跟着自己的取舍走。日积月累，思考判断的能力增加，理性的程度上升。毋庸置疑，这种悄然发生的变化，与经济活动和市场密不可分！

再进一步，市场里经济活动的特质，是“一元一票”，有多少钱，“讲多少话”。经济发展之后，中产阶级先享有经济权利，而后自然而然地要求政治权利。一人一票，已经逐渐成为“普适价值”。这种思维，与其归因于“民智大开”，追根究底，不如归诸于更根本的“经济权利推动政治权利”。民主化和市场化，不是一体两面，而是先后之别、相随而至。先有市场化，才引发民主化。而且，有了经济基础的民主化，才可长可久。根据实证研究，当国民收入每人超过八九千美元时，民主化将稳定而不可回逆；相对地，当国民收入每人还不到八九千美元，自由选举和民主化，往往如昙花一现，很快又会回到强人政治、部落族群倾轧或内战。人均八九千美元国民收入所隐含的，是相当程度的法治，以及民众普遍的理性思维！

市场与道德论市场

桑德尔主要的论点之一，是金钱/经济活动/市场，会排挤乃至于影响道德。这个立场和两个论点有关，值得标明：第一，道德是先于金钱/经济活动/市场而存在的，而且值得维持；第二，以道德来评断金钱/经济活动/市场，是合情合理的。对于这两个论点，可以依次分析，阐明原委。

首先，虽然在很多论述里，都把道德当作前提，道德似乎是与生俱来，人类品德心智的表征。然而，由进化/演化的角度看，道德是人类经过长期的生存繁衍，发展出来的一些特质。一言以蔽之，道德是一种工具性的安排，具有功能性的内涵。譬如，在极地生活的人，培养出不动怒的“美德”，因为动怒容易引发摩擦冲突，不利于极地生存。还有，在艰难条件下生活的群体，具有勤劳俭朴的“美德”，因为不勤劳节俭不足以存活繁衍！

其次，抽象来看，道德是一种人类发展出来的工具。既然如此，工具不会一成不变，而是会与时俱进，呼应环境里条件的变迁。如果某种道德消失或减弱，很可能是两种原因所造成：原先所需要发挥的功能，已经不再重要；或者，原先所发挥的功能，已经由其他的方式（其他的工具）所取代。譬如，传统华人社会一向是数代同堂的大家庭，但是大家庭所隐含的功能——农事上生产、消费、储蓄、保险上互通有无——在现代工商业社会已经式微。还有，传统社会里守望相助的“美德”，在现代都会区、公寓大厦的生活形态里，已经被保安公司和物业管理人员所取代。

再次，道德和市场之间的关系，有一点像**动态的联立方程式**（dynamic simultaneous equations）：彼此互动、相互影响、相辅相成、缓慢变化。借用诺贝尔奖得主科斯的名言：两者之间，互为因果（a reciprocal causal relationship）。既然如此，由道德的角度臧否市场（经济活动），并不特别持平合理。因为对于同样的问题，完全可以从另外一个角度论证：市场（经济活动）是主导社会的重要驱动力，适合市场的道德是什么？或者，从一个较高层次来考量：道德和市场这两者，“较好的”、**彼此兼容的组合**（compatible combination）是如何？这时候，什么是“较好的”，显然不是简单的问题。把道德当作立论的起点、价值判断的依据，似乎有点捉襟见肘、进退失据！

由这个论点，自然转到了方法论上的考虑。经济分析，在相当程度上不涉及价值判断。对于社会现象，经济学者从旁观者的角度，先归纳出主要的**规律性**（regularity），而后，当其他条件改变时，结论自然随之变化——先分析一般情况，再考虑特殊、个别的情况。经济分析的架构，至少在核心的部分，经济学者众议佥同、争议不大。相形之下，对于道德和市场的相对关系，桑德尔（及其他政治哲学、道德哲学家）并没有完整的理论架构。有一点智慧，却没有一以贯之的分析。法学宿儒波斯纳曾有一书名为《解构道德哲学和法学理论的困境》，顾名思义，法学理论一向以道德哲学为基础，他却提出根本的质疑。关于桑德尔以政治哲学来臧否经济活动/市场，也可以类似地回应！

持平而论，在宏观的层次上（macro level）看，经济活动和市场这两者，为人类社会带来极其可观的福祉，桑德尔指出的问题，是微观层次（micro level）上的缺失（？）。与其采取“一叶知秋”式的论断，不如盲人摸象式地，多收集资料，尽可能有意识地避免见树不见林、以偏概全、只见舆薪！

市场与法律

从人类发展的过程着眼，道德在原始和初民社会就已经存在，远远早于经济活动（以物易物）和市场。同样，法律的出现，也早于经济活动和市场。原始和初民社会里，法律已有雏形，可以维持秩序、处理纷争。因此，由法律和经济的联结，可以为桑德尔所关心的议题，打出另外一盏镁光灯。

经济活动与法律

经济活动和法律之间，当然也是彼此互动、相互影响的关系。两点事实，可以清楚地勾勒出两者间密切的关系。

在工业革命之前，至少在英国法庭里，封建贵族的影响力极其显著。在产品责任（譬如，汽水瓶炸伤消费者）的官司里，厂商（通常和封建贵族阶级关系密切）的利益，往往是法庭裁决时的关键考量。然而，随着工业革命和大量生产，中产阶级逐渐形成，他们的利益慢慢成为主导判决的考量。无过失责任（厂商责任）等法原则，应运而生。经济活动的权益，先影响政治过程在立法上的取舍，进而影响司法实务上的裁量。

另一方面，实际资料一再证实，随着经济发展，收入水平上升，涉及暴力的刑事案件减少，在绝对和相对的比例上，都明显下降。主要的解释是，经济条件改善，大家日子好过，犯罪的机会成本上升，何必自找麻烦！然而，涉及经济活动的犯罪（诈骗、网络等）却明显上升。显而易见地，传统的刑事侦查，无论在学理和实务上，都出现相当的落差。因此，无论在立法还是司法上，以及对应的法学理论，都会自然而然地与时俱进，随之而变。

经济分析与法学

当经济活动的地位无足轻重时，不会衍生出一个学科。经济学的诞生，一般以 1776 年亚当·斯密的《国富论》为起点。而后，随着经济活动日益重要，经济学也快速发展，有了长足的进展。1968 年，瑞典诺贝尔奖委员会设置了诺贝尔经济学奖，标志着一个重要的里程碑。这是社会科学里，唯一有诺贝尔奖的领域。

在性质上，经济学是一个实证性的学科，由实际的经济活动、生产消费、买卖投资、市场信贷等，归纳出经济活动的规律性。1960 年前后，经济学者发现：主要的经济活动是买卖交易，而买卖交易所隐含的，是利益（资源、价值）的交换、处置和流动。因此，如果把人际交往涉及的情感、名誉、权力、权利等，也看成是抽象的资源（价值、利益），经济分析的架构就可以援用无阻，一以贯之。一旦智识上跨出这一步，经济学对其他社会科学（社会、政治、法律）就长驱直入，攻城略地，成为“社会科学之后”，也得到“经济学帝国主义”的毁誉！

就法学而言，一向与道德哲学密不可分，本质上有浓厚的规范性。经济分析对法学的影响，主要是方法论上的**“典范转移”**（paradigm shift）：为法学理论提供了一个稳固而有说服力的实证基础。由两个具体事项中，可以稍稍窥豹。

第一，传统法学对于权利（right），几乎全都是规范式的立场——自然法和天赋人权，人应该拥有哪些权利。相形之下，经济分析采取的立场是，让证据说话：真实世界里，不是天赋人权，而是“人赋人权”——通过某种方式，人们决定一个人拥有哪些权利，又有多少的权利。而且在取舍时，是从社会的角度着眼：对社会而言，长远来看拥有哪些/多少权利，是比较好的？

第二，虽然权利的问题看似简单，其实触及法学根本的价值——正义。追求（公平）正义，似乎是法律学者毫无疑问的目标。然而，追根究底，和其他道德一样，正义是一种工具性的概念，具有功能性的内涵。正义，是由初民原始社会里孕育而出，主要功能是善后和除弊。民法、刑法的根本精神，也就是捍卫和实现这两种价值。可是，随着经济活动的发展，交易的方式和媒介日新月异，相应法律的功能，显然不再是以除弊为主，而是在于兴利，即采取哪种法律（游戏规则），可以使经济活动如活水般，一波波源源不绝。法律所追求正义的身影，愈益模糊；法律兴利的功能和责任，愈益明显。

因此，虽然相对于法学，经济学是一门年轻的学科，但因为性质使然，已经给传统法学带来了巨大的冲击。经济分析为法学的工具箱里，添增了新的工具，也正逐渐改变法学的根本性质。对法学而言，这既是挑战，也是机会！

结论

前言中提到，尼采出版著名的《查拉图斯特拉如是说》时，初版是40册。桑德尔的《钱买不到的东西：金钱与正义的攻防》，初版译成各种文字，销量大概在40后面要加五个零！桑德尔的名誉财富、理念教诲，通过“市场”影响世界各地以百千万计的读者。而他的卖点之一，是“市场”有（道德上的）问题。这似乎有点讽刺，至少是黑色幽默。

然而，跨过这个稗官野史的“也是一说”，桑德尔的论点值得严肃以对。对于他的质疑，本章尝试从不同的角度打出镁光灯，希望能更完整地烘托出主题的全貌。主要的论点可以简单归纳如下：经济活动和市场，是运用资源的方式，价值判断上利弊掺杂。然而，工业革命后，经济活动和市场的大幅扩充，改善了人类社会的生活质量，提升了人类的尊严，照拂了小众/非主流文化。更重要的是，使人类的理性程度提升，直接间接支持民主政治制度的发展和延续。

在较抽象的层次上，市场和道德是彼此影响的。以现有或既有的道德评断市场，并不合理。更根本的问题是：两者之间，彼此兼容的组合是什么？由经济活动衍生出的经济分析，已经发展出完整的理论架构，可以为历史更悠久的法学注入新的养分。同样，对于道德本身，经济分析也可以仔细分析检验，道德可以不再是讨论问题时，未经检验和视为当然的起点。和法学一样，道德本身也值得深究，而经济分析或许可以价值中立地贡献一得之愚！

桑德尔向经济学者提出邀请，希望经济学者关注道德哲学/政治哲学。道德显然是一个有挑战性的研究课题，经济学者盍兴乎来？或许，经济学者早已耕耘多时，也早已有丰硕的成果，只是还没有充分地市场化、货币化？!

参考书目

① Besley, Timothy, "What's the Good of the Market? An Essay on Michael Sandel's *What Money Can't Buy*?" *Journal of Economic Literature*, 51(2): 478–495, 2013.

② Nietzsche F., *Thus Spake Zarathustra*, New York, Digireads.com Publishing, 2007.

③ Posner, Richard A., *The Problematics of Moral and Legal Theory*, Cambridge, Harvard University Press, 2009.

④ Sandel, Michael J., *What Money Can't Buy: The Moral Limits of Markets*, London, Macmillan, 2012.

第九章　法律与道德，前世与今生

鲁滨逊的世界里，也有道德！？

是什么？又应如何？

无论是大陆法系还是英美法系，法学和道德密不可分，似乎是天经地义，不证自明。在其他学科里，例如文学、政治学、社会学、经济学等，道德有一定的空间，但也仅仅如此。

相形之下，法学则不然，道德性的概念和词汇所在多有（主观恶意、善意第三者、恶意等）。而且，在法学论述和司法实务上，道德的身影也几乎无所不在。另一方面，论述性质上的两大类别**实证式分析**（positive analysis）和**规范式分析**（normative analysis）也广为人知。实证探讨“是什么”（what is）；规范探讨“应如何”（what should be）。可是，两者之间的关系究竟如何，是否可能由实证过渡到规范呢？或者，用更专业的术语：由**实然**可否联结到**应然**？对于社会科学研究者而言，这是智识上很有兴味的挑战。

基于这两种考虑，本章将具体探讨以下几个问题：第一，道德和法律的关系，到底如何？第二，道德和法律的由来，又是如何？第三，实然（实证）和应然（规范）之间，能否建立起可信明确的关联？第四，处理以上和相关的问题时，能否运用一以贯之的方法论？这些问题，除了智识上的兴味，对于法学理论而言，也非常重要。特别是，和传统的**教义法学**（doctrinal analysis of law）相比，**实证法学**（a positive theory of law）的基础，就和这些问题环环相扣。如果能有效回答这些问题，也就等于为实证法学提供扎实的理论基础。

对于读者而言，要检验这一章的论述是否合理，其实非常简单，只要不断自问：这个论述是否呼应真实世界的常情常理？

两种工具

众所周知，对于人的行为，法律和道德都有重要的影响。道德的种类很多，譬如：罪恶感、羞耻和不快等，是不同的感受；愉悦、高兴、荣誉感等，也有差别。本文不做细致的探讨，而仅以奖和惩这两大类囊括：相对于现况，“奖”会增加效用，而“惩”会降低效用。而且，既然有奖惩的内涵，由多回合的角度看，对于行为就会产生影响。因此，在性质上，两者都可以看成是工具，有功能性的内涵。除此之外，法律和道德之间也有一些微妙的差异，值得叙明。

史蒂文·沙维尔（Steven Shavell）是哈佛大学“法律、经济和企业研究中心”主任，在就任“美国法律经济学会”（American Law and Economics Association）的会长时曾发表演讲，对法律和道德的功能，提出精辟的分析。他认为，人际相处所衍生的纠纷，可以约略分为小中大。对于小是小非，法律不处理

（成本太高），由道德来处理。对于中是中非，道德和法律都会介入、发挥功能。对于大是大非，道德通常无济于事，只能依靠法律来校正。因此，道德和法律所能发挥作用的范围，有交集也成并集。如图三。

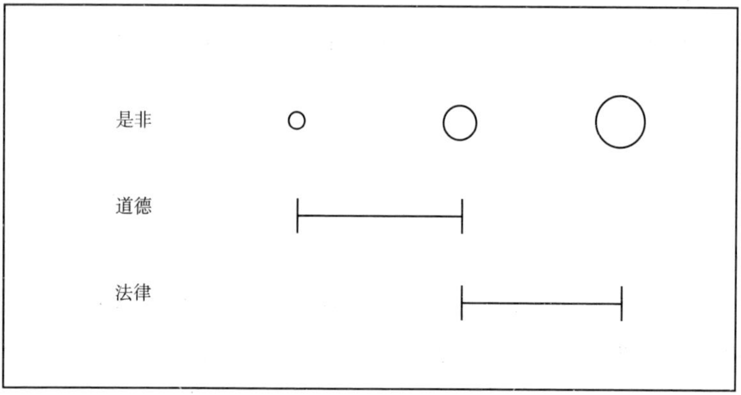

图三　道德和法律

此外，道德和法律，操作的主体和对象也不一致。就道德而言，人们本身发挥奖惩机制，自己既是球员又是裁判。相形之下，近代社会里，法律的操作是由法官、检察官、警察等司法人员进行，而对象是一般社会大众，球员和裁判是不同的群体。这也隐含着，专业的裁判需要物质条件的支持。当资源还不充沛时，不会有专业的裁判（法官、检察官等）——学校篮球场上的“斗牛”，通常就是球员兼裁判，裁判兼球员！

二合一

这一节将追溯到原始社会里法律和道德的关系，下一节则将进一步探究鲁滨逊一人世界里的道德和法律问题。

在人类历史的某一个阶段里，道德和法律曾经合而为一，道德即法律，法律也就是道德。这个论点是基于以下的论证：第一，无论是道德还是法律，都经历演化的过程，过去如此，现在也正处于演化的状态。就道德而言，婚外情、同性恋、奴隶制度，都经历明显的转变。就法律而言，由实体法发展出程序法，由粗糙的正义到精致的正义，是举世皆然的经验。第二，演化的过程和资源的充沛或匮乏有密切的关联。“逝老”（senicide）的做法——以直接或间接的方式弃养老者以逝——是人类史的一部分，但早已被扬弃。而法治程度较高、道德水平较高的社会，通常也是资源较充沛的社会。第三，人类开始群居之后，不可避免有摩擦冲突。处理这些纷争，自然会逐渐发展出因应的工具。可是当时的资源极为有限，不可能有专业的法官、检察官等。

在这些条件之下，道德和法律合而为一是自然而然的结果。群居的人们，彼此既是球员又是裁判，以低成本的方式，处理人与人之间的纷争。波斯纳详细论证的，初民社会里的律法往往采取完全责任和连带责任，都是明确的佐证。在资源相对匮乏的情境下，援用一种工具（道德法律合而为一），要比操作两种工具（道德和法律分开），更能面对大自然的考验。相形之下，法律上无罪，道德上有过，如克林顿（Bill Cliton）；或者《刑法》上无罪，《民法》上有过，如辛普森（O.J. Simpson），都是近代社会的状态。经过长期的演化，不但道德和法律已经一分为二，法律更精细为《刑法》和《民法》等。

鲁滨逊的世界

在此将以鲁滨逊的故事为例，说明在一个人的世界里，也有（广义的）法律和道德。

1719年，丹尼尔·笛福（Daniel Defoe）的《鲁滨逊漂流记》（*Robinson Crusoe*）出版之后，不但畅销英伦三岛，还被翻译成多种语言。对世界各地的小朋友而言，《鲁滨逊漂流记》几乎是他们成长经验的一部分。当鲁滨逊孤零零一个人时，他要面对生产、消费、储蓄的问题。当星期五出现之后，两人要面对合作、交换、分工的问题。因为这些情节，后世的好事之徒就主张，作者笛福是一位经济学者，借着鲁滨逊和星期五，阐释基本的经济概念。对法律学者而言，星期五出现之后，两人之间可能有了摩擦，才会有法律问题。不过，在鲁滨逊一个人的世界里，真的没有“法律”问题吗？

要回答这个问题，最好对鲁滨逊的一人世界稍做琢磨。在成长的过程里，鲁滨逊要面对虫鱼鸟兽以及各种病痛危险和考验。以打猎为例，可以琢磨他和环境之间的互动。出门打猎，要穿越森林沼泽，路径很多，难易安危不同。经年累月之后，他可能慢慢地踩出、开辟出几条路径，而后循路而行。同样，长年和鸟兽为伍之后，他也慢慢归纳出一些经验：逼近动物时，步履要轻慢，不能有声响；看到某些虫蛇，最好保持距离；岛上某些区域，鸟兽多、危险少，另外一些地区，刚好相反。

无论是路径还是狩猎，经过归纳和类推，鲁滨逊逐渐形成一些行为模式（behavioral patterns）或行为规则（behavioral rules）。这些行为模式或规则，都是由经验而来，而且隐含奖惩：小心接近猎物，容易手到擒来，这是“奖”；穿越溪流时，不小心翼翼就可能滑倒受伤，这是“惩”。因此，既然是行为模式或规则，而且又涉及奖和惩，不就隐含着“法则”或“规则”在发挥作用吗？鲁滨逊的世界里，没有警察军队，没有国会法院，也没有法官律师，但抽象来看，显然确实有“规则（法律）”的问题！

鲁滨逊的世界里，有抽象的“规则”，可是，他有没有道德观念呢？虽然鲁滨逊孤单单一个人，经年累月之下，还是累积出很多可贵的经验。这些经验里，有惊奇、意外、欣喜、痛苦，无论是哪一种情怀，都和某些因素有关。譬如，狂风暴雨带来惊奇，在陌生的山林里意外碰上野兽，一箭射中野鹿（假设他进化得很快，自己发明了箭矢）觉得很高兴，不小心被毒虫咬到或吃下毒果则腹痛如绞。这些经验里，有些和他的行为无关（狂风暴雨不是他所带来），有的经验则是直接由他的行为所引发（瞄准野兽，弓矢锋利，一箭撂倒）。由这许许多多、大大小小的经验里，他自然而然体会出一些心得：自己的行为是原因，造成了某种“结果”。而对于各种“因果关系”，他情绪上也有对应的起伏。

对于类似的因果关系，可能会引发相同的情绪反应。譬如，吃了毒果腹痛如绞，他觉得懊恼；没有瞄准好，箭矢和野鹿擦身而过，他觉得懊恼；晒在架子上的肉干忘了收好被猴子偷走，他也觉得懊恼。换一种说法，对于同一类别的因果关系，鲁滨逊可能以同一种情绪来因应。也就是，生活里可能面对上百种情境，可是他也许只能运用十种情绪来处理。由不同的经验里，他会发展出很多不同的情绪。抽象来看，这些情绪可以分为两大类。原点，是一种不好不坏的状态；相对于原点，一类是比原点好，一类是比原点坏。换种描述方式，相对于原点，“好”意味着奖赏，而“坏”则意味着惩罚。

鲁滨逊面对的情境，不是仅此一次的单回合赛局（one-shot game），而是日复一日、年复一年的多回合赛局（repeated game）。因此，他对因果关系的解读，以及他情绪上的结构和内涵，都是经过漫长的过程而形成。这同时也意味着，他会以他的认知（因果关系）和情绪结构，去面对生活里的各种情境。譬如，由经验里，他知道野鹿容易受惊，所以要小心接近。如果他切守要领，射中一只野鹿，他便觉得高兴，因为他做对了；如果他大意踩到枯枝，发出声响，吓跑野鹿，他便觉得懊恼，因为他做错了。也就是，他的认知和情绪会影响他的思维、判断和行为。

他可以自我要求、自我约束、自我奖惩，自己既是球员，又是裁判。而且，道德是由他的生活经验中自然发展而出的，不是来自于圣人的教诲或宗教的指引。根据《简明牛津字典》（*The Concise Oxford Dictionary*），“道德”（morality）的意义包括：“关于约束和节制行为”（dealing with the regulation of conduct），以及“和区分对错有关”（concerned with the distinction between right and wrong）。可见得，鲁滨逊的行为会受到自己的认知和奖惩对错的影响，在他的一人世界里，也有道德的踪影。

道德和法律：整合

这一节里，将整合道德和法律这一组概念。具体而言，前面两节的论述，既符合演化的过程，也扣紧真实世界的现象。道德和法律，是由个人（鲁滨逊们）过渡到社会，主要是群体层次上的行为模式。由道德到法律二合一到一分为二，都是自然而然的发展过程，观念上符合演化的特质，实证上也符合真实世界的经验和证据。

还有，由道德到法律，这是一个完整的体系。前面两节的论述，等于是编织成一个完整的故事，可以描述在长期的演化过程中，人们面对大自然严峻的考验时，如何克服生存和繁衍这两大难题，自求多福。而且，无论是道德还是法律，抽象来看，都是一种工具式的安排，具有功能性的内涵。更精细一点而言，这组概念还有某些相同和相异之处。最明显的相同点，是两个概念都和行为有关，而且都会影响、约束和限制行为。两个概念都是由一分为二：法律和道德原来是合而为一，一分为二之后，同时发挥作用，而且经常会有冲突扞格。当然，对于个人而言，通常把道德和法律视为给定，不会尝试去影响或改变。

由分析的角度着眼，道德和法律都可以看成是“均衡”（equilibrium）。均衡是由一些条件支持的，当（某些）条件发生变化时，均衡很可能也会发生变化。利用经济分析的架构，可以探讨均衡的来龙去脉。而且，是实证性，而不是规范性的分析。

关于道德，以及道德和法律的关联，还可以再做一些延伸。对于一人世界的道德，可能有不少人会迟疑保留。然而，人格心理学里的精神分析学派，主要的论点刚好能加以呼应支持。西格蒙德·弗洛伊德（Sigmund Freud，1856—1939）被公认是精神分析学派的奠基者。他认为人的心理结构由三部分组成：**本我**（id），代表原始、婴儿般的各种冲动，希望感官上得到立即的满足。**自我**（ego），理性的操盘者，介于本我和超我之间。**超我**（super ego），道德心、荣誉感等。因此，看不见、摸不着的每一个心理，都发展出这三者。本我、自我和超我所构成的人格，就是人们面对生活时，求福避祸的机制。很明显地，弗氏的超我，直接呼应了一般人口中的道德。

在成长、社会化的过程里，一旦雕塑出道德（自我、超我），等于是在脑海里（心理上）设置了一套全年无休的检查机制。通过鼓励、抑制、奖惩等措施，一个人消极地除弊，积极地兴利。前面提到，在道德的运作上，人们自己既是球员又是裁判。弗氏的本我、自我和超我，生动刻画了一个小小的、藏诸于个人之内的、能发挥作用的司法体系。

另一方面，道德和法律的关联，可能比一般人了解得更为密切。具体而言，司法体系运作时，经常含有浓浓的道德成分。譬如，对于交通违规者、小偷强盗等，执法人员往往施以斥责的神态和语气。可是，追根究底，违规违法就也只是违规违法，未必和道德高下有关。而且，司法体系的运用并没有赋予执法人员权限，可以对违规违法者做道德上的臧否，并且反映在言语态度上。然而，违规违法者在面对斥责批评时，往往也低头默然、顺服无语地接受。因此，在施与受的两端，对于道德的渗入都没有异议，视为当然，即使这是超越法令规章所界定的。

这种现象，当然和道德有关。一方面，执法人员的自我定位，就是站在道德的高地。执法时（不自觉地）利用道德，可以降低执法的成本。另一方面，违规者本身也有道德是非观念，知道自己违规违法，所以多半也心甘情愿接受执法人员言辞态度上的臧否评价。换句话说，援用道德可以降低法律运作的成本。

实然到应然

援用鲁滨逊的故事，可以在实然和应然之间，建立起明确可信的联结。

由生活经验里，鲁滨逊发展出自我生存调节行为的游戏规则。游戏规则由两个成分组成：规则（如雷雨时不要在旷野里活动）和奖惩（喜怒）。游戏规则由鲁滨逊自己操作，他既是球员，又是裁判。游戏规则是一种描述方式，另外一种描述方式是，鲁滨逊的这套规则就是他一人世界里的道德和法律。而且，显而易见地，他的游戏规则不是来自于自然法或圣王教诲，而是成长和生活的经验。同样一清二楚的，他的规则是一种工具性的安排，具有功能性的内涵，而功能所在就是除弊和兴利，并且增加他存活的概率。

换一种描述方式，**既然道德是由生活经验归纳而出，这就是一个由实然到应然的过程**：由没有价值高下的事实，衍生出隐含价值高下的判断、行为取舍。例如，刮风下雨出外捕猎不容易有收获，这是经验中的事实；相形之下，风和日丽时外出捕猎收获较多。两相比较，对鲁滨逊来说自然有了高下判断。因此，天气不好时“不应该”外出捕猎，这是行为规则，隐含价值判断。

表面上看，由实然到应然、由实证到规范，是一种自然而然的过程，然而，稍稍深究就可以体会：这个过程也可以从学理上有合情合理的解释。简单地说，鲁滨逊由实然经验中，归纳出应然的规则和体会，有助于他的存活，是比较好的。换句话说，是成本较低或效益较高的做法。也就是，在两个层次上，鲁滨逊的做法是有益的：第一个层次，各种具体的大小规则，长远来看是有好处的；第二个层次，抽象来看，由实然归纳出应然这种做法，对他是好的。

在这个过程里，鲁滨逊处于关键的地位：他肉体感官上的高下好坏，是重要的“转换器”（converter），外在世界的事实，通过他的肉体和感觉，成为他的经验。因为肉体和感官有分辨鉴定的能力，所以为事实归类，贴上好坏高下良窳的标签。这些由肉体和感官所分辨出来的类别，就是价值判断的来源。在佛教的最高境界里，看破生死、没有喜怒哀乐，也就没有应然，只剩下实然。事实上，也没有实然，因为“离相无住”，所以虚实如一，一切如如也！

成本效益一以贯之

无论是道德还是法律，都是在长期演化过程里，万物之灵所发展出的机制，希望能经得起物竞天择的考验，增加存活和繁衍的概率。而且，追根究底，在这个“面对考验、发展工具、自求多福”的漫长过程里，还是可以由成本效益的角度，一以贯之地分析人类行为。

在方法论上，由成本效益和均衡分析，可以解释诸多社会现象，包括政治、社会、经济和法律等。如果外在的世界可以利用这种分析方法，内在的世界（思维方式和概念等），不也可以运用同样的分析方法吗？因为无论外在的社会现象还是内在的思维结构，都是各种力量交互运作的结果，也都受到成本效益这种驱动力的影响。

降低行为成本，是人类行为的主要驱动力（之一），而得到效益（趋吉避凶）是自然的结果。前面曾经论证，在资源有限的原始初民社会，不足以负荷两套游戏规则（两套工具），道德和法律就合而为一，球员就是裁判。当资源逐渐增加，法律才和道德一分为二，反映专业化和分工。当成本堪负荷时，就可以利用较复杂的工具，试着追求更大的效益。在演化过程中，对于常出现的情境，人们会发展出因应的认知思维能力；相反地，对于偶尔（几十年或百年出现一次）的情境，通常不会有因应的能力。由成本效益的角度，这种结果合情合理。生活中的例子，也可以呼应佐证：一般人碰上车祸等意外，往往惊慌失措；急诊室里的医生对于送进急诊室的各种病患，往往应付裕如。

因此，关于道德和法律，由演化过程，工具式/功能性的角度，可以有效地整合；由成本效益的角度，更可以一以贯之，提出前后一致的整合性分析。关于成本效益分析，很多人都有不解和质疑。诺贝尔奖得主阿马蒂亚·森(Amartya Sen)曾经这么回应:“如果有人表示:‘这个计划效益很少而成本很高，让我们着手进行吧！’谁会相信？”对于道德和法律，也可以提出类似的问题：如果根据道德直觉采取了某种行为，得到不好的结果，那么以后还会再做，而且一做再做吗？

由这个论点，也可以稍做引申。经济分析受到的批评之一，是往往提出“后见之明”，无法预知或预测未来。经济分析所自恃的行为理论，是由实际行为所归纳出的规律，这种行为方程式，自然受到过去经验的束缚。这未必是缺点，因为是由经验归纳而出，反而是论述有据。还有，经济学者常被批评为保守而不求新求变。由上面的分析，面对新生事物，保守的不只是经济学者，而是整个人类。后果式思维来自于经验，面对新生事物，经验的数据库有时而穷，较好（结果上看来）的因应方式，自然是小心谨慎为上。

结论

对于前面各节的论述，值得稍做回顾，并且阐明论述的性质和含义。

在实质内容上，前面论述中提出的观点，弥补了理论上的一些缝隙。具体而言，主要有几个新的论点：道德和法律原来是二合一，以及鲁滨逊的世界里也有道德和法律。除了实质内容对理论的增补，更重要的是，前面的论述有较广泛的含义，特别是对法学理论。

具体而言，无论是大陆法系还是英美法系（习惯法），正义毫无疑问是最高指导原则。对于正义的来源，往往是诉诸自然法、道德哲学、哲人思想等。然而，前面的论述（鲁滨逊世界也有道德、道德和法律原是二合一），却为道德（包括正义的理念）提供了实证的基础。也就是，法律帝国的基础可以不再是抽象的道德哲学，而是立基于人类实际的演化经验。这种基础，比起不容易捉摸、几乎是虚无缥缈、不同学者之间有不同解释的自然法或哲人思维而言，显然更为明确扎实、有说服力。虽然本章没有直接处理“正义”这个概念，然而有两点可以稍稍强调：首先，正义是人类社会发展出的概念，性质为规范，但基础是结果。其次，传统的法学论述往往以正义为基础，本章的论述为正义提供更务实、更有说服力且更根本的基础。

此外，“法律的实证基础”是以人类演化的过程为材料，更呼应经济分析的行为理论。行为理论不但解释法律和道德的相对关系，更说明了道德和道德直觉的由来。换一种说法，经济分析的行为理论（特别是成本效益分析），不仅在横断面上（cross-sectional）处理政治、社会、法学等领域里的问题，更在纵断面上（longitudinal）把解释范围推展到人类的原始社会。对于道德、道德直觉的来源，提出一以贯之、合情合理的解释。

众所周知，对于“方法论上的个人主义”（methodological

Individualism），诺贝尔奖得主詹姆斯·麦吉尔·布坎南(James McGill Buchanan，1919—2013）多所论述。他的主要论点可以归纳为二：第一，人才能感受到喜怒哀乐，是一切价值的根源和基础；第二，个人是形成社会现象的基本单位。然而，本章前面各节的论述，至少为"方法论上的个人主义"添增了一些新意：道德等价值观（规范和道德直觉）确实藏之于个人，不是凭空而来，个人是各种价值的寄居处，是演化的结果。因此，分析方法上，个人的确是扎实有力的起点。另一方面，个人的思维模式是演化过程的产物，本身也是可以分析探究的。因此，既然个人是价值的寄居处，对于个人本身的探讨，也刚好是检验其他分析方法的试纸。也就是，可以检验其他的分析方法能否对个人本身提出合情合理的分析。

最后一点，关于方法论上的个人主义，还有一点值得一提。经济分析的"故事"通常由鲁滨逊开始：即使在一个人的世界里，还是要面对生产、消费、储蓄/投资等问题。星期五出现之后，就有了交换、分工和专业化的问题。相对地，法学的"故事"一向是由"两人世界"开始：星期五出现之后，两人之间有了互动，才面临规则的问题。然而，本文前面论证，在鲁滨逊的一人世界里，也有规则（道德）的问题。方法论上的个人主义，不只适用于经济分析，也适用于探究法学问题！

参考书目

① Cosmides, Leda, and Tooby, John, "Better Than Rational: Evolutional Psychology and the Invisible Hand", *American Economic Review, Papers and Proceedings*, 84(2):

327–332, 1994.

② Robson, Arthur J., "The Biological Basis of Economic Behavior", *Journal of Economic Literature*, 39(1): 11–33, 2001.

③ Sandel, Michael J., *Justice: What is the Right Thing to Do?* New York: Farrar Straus & Giroux, 2009.

④ Shavell, Steven, "Law versus Morality as Regulators of Conduct", *American Law and Economics Review*, 4(2): 227–257, 2002.

第十章　权利和义务是连体婴吗?

权利和义务，是来自于人们的赋予。

有权利，必有义务？

在法学里，权利和义务这两个概念当然重要无比。然而，似乎有很多法律人认定，这两个概念是相依相随的：有权利，必有义务；承担义务，才能享受权利。甚至，这种观点也见诸于学术论著。

可是，权利和义务必然是彼此对应、像连体婴般密不可分吗？在台湾地区的“民法总则”里，民法权威王泽鉴教授提到：“‘人之权利能力，始于出生，终于死亡。’权利能力指可以享受权利，负担义务的能力。”“享受权利”和“负担义务”，是以两个概念来呈现。似乎，权利和义务，并不必然要绑在一起。到底如何，显然值得追根究底、一探究竟。探讨这个问题，不只对法学思维很重要，也有智识上的兴味。

以下将循序渐进，先借着具体的事例，说明真实世界里的权利和义务。而后，由理论上考虑，为什么会有“两者相生”的立场。接着，进一步论证，哪一种相对关系在理论和实证上较有说服力。最后，由方法论的角度，琢磨这趟小小的“智识之旅”的意义何在！

拿证据来

借着几个简单明确的事例，可以描绘在真实世界里，权利和义务分布的状况。

首先，无论中外古今，婴儿出生和幼年时期，享有被照顾抚养的权利。可是，呱呱坠地的婴儿和襁褓学步的稚子，难道承担了任何“义务”吗？其次，现代社会的都会区里，人行道上普遍铺有盲人专用的导盲砖。因此，盲人“行的权利”得到实质的保障，可是相对地，盲人难道要承担任何义务吗？再进一步，身体或智力障碍的学童，在农业社会里可能终日被关在房里，现在则能到学校里接受特殊教育，耗用的资源甚至超过一般学童。他们受教育的权利得到捍卫，可是并没有对应的义务可言！最后，现代社会里，动物的权益也得到保障。鸡鸭不能被倒提，活鱼不能被热油淋浇（活鱼十八吃），猫狗不能被踢打虐待等。宠物牲畜们都享受了某种“权利”，它们又有何“义务”要承担呢？

上面几个例子，是“有权利、没义务”的情况；下面的实例，是“有义务、没权利”的状况。首先，对于未成年子女，父母有责任（义务）要养育。然而，对于未成年子女，父母并没有法定的权利。当父母年纪大时，享有被照养的权利，不过那时子女已经成年，而且已经是多年之后的情况。就“年幼子女”而言，无论中外，父母只有义务，很难说享受了哪种权利。

在许多情境里，一个人对其他人有法定的责任（义务），可是并没有对应的权利。譬如，无论公私立机构，对于来洽公洽私的民众，有义务提供安全的环境。如果大厅的地板湿滑，造成民众滑倒受伤，就要承担责任。同样，即使是一般民众，在生活里，对其他不认识、不相关的第三者，也有合理注意（due care）的责任（义务）。车辆的驾驶人停车开门时，有义务先看看后方是否有摩托车或其他车辆、行人靠近；到庙里烧香祭拜时，有义务避免烫伤其他香客；公交车上，每个人的手腿肢体必须和其他乘客保持适当的距离，特别是身体敏感的部位。这些都是俯首可拾的例子，类似的情境和隐含的责任（义务），不胜枚举。

由上面两类例子（有权利无义务、有义务无权利）可以清楚地看出：权利和义务两者并不一定要捆绑在一起！

解开绳结

在法学教育和法学思维里，把权利和义务放在一起，认为这两个概念是一体的两面，是密不可分的。这种思维可能是基于以下几个原因。

直觉上想，权利和义务彼此呼应，合乎生活经验。生活经验的大部分情形里，权利和义务事实上密切相关、彼此呼应。而且，处理双方争端的官司，通常是有一方主张权益受损。由司法资源的角度着眼，主张权利的一方最好是有所凭据，大陆法系称为请求权，英美法系称为**立场**（standing）。如果有某种权利义务彼此呼应，可以强化诉讼的根据，对当事人、辩诉双方和法院，都有降低成本的功能。也就是，借着已经承担的义务，可以烘托

“主张权利”的正当性。在司法审理上，有助于降低成本。

此外，工业革命之后，量产（mass production）使经济活动和市场的规模大幅扩充。这个过程不过是18世纪（1776年）之后，短短两三百年的时间。在都会区里，人际关系往往是一个人和不知名的第三者、陌生人之间的关系；相形之下，农业社会里，人际关系往往是彼此认识、重复交往的“人情式”关系（personal relations）。人情式多回合的交往，容易有脉络清晰的权利义务关系。因此，在界定彼此相对的权益时，容易捕捉彼此呼应的权利和义务。都会区和市场经济里，权利和义务两者之间很可能间接、模糊，甚至完全不相关。最后，权利和义务相结合，隐含一种明确的“因果关系”（causal relationship），而且彼此互为因果。承担义务，就可以享受权利；有权利，就必须有义务。这种因果关系，呼应公平正义的解释——善有善报、恶有恶报！

一言以蔽之，存在不一定合理，存在一定有原因。权利义务相结合的理念，为法学界所广泛接受援用，完全可以理解。而且，在很多情形里，这种联结值得强调，也值得强化。

天赋人权

前两节的内容，先是以事例说明，权利和义务不一定要绑在一起，而后，尝试说明法学见解（两者应联结）的可能原因。不过，如果认为目前主流法学见解不佳，除了批评质疑，最好能够提出替代方案、理论上的另一种解释，通过对照比较，呈现不同的论述。高下优劣如何，就让证据说话，在理论的竞技场里一展身手！

关于权利和义务的关系，可以循序渐进，步步为营。

首先，澄清观念，而且道理浅中求！权利，意味着某种利益。有权利，比现状（没有权利）好。相对地，义务，意味着某种精神或物质的付出。有义务，比现状（没有义务）不好。因此，以**现状**（status quo）为**参考坐标**（benchmark），权利使福祉增加，义务使福祉减少。当然，这是一般而论，福祉的增减是主观的判断，个人取舍不一。

其次，在真实世界里，无论是权利还是义务，都是由相关的人所决定。而且是根据各个人所拥有的资源、所具有的分量，也就是能影响最后结果的条件，影响最后的结果。“力量决定权利”（Might makes right！）是很平实的描述。换一种说法，是“**权力权重下的共识**”（power-weighted consensus）：由有权力影响结果的人，根据各自的分量（权重），达成共识，只要没有争议，就决定了权利（和义务）的赋予！

再次，权利和义务涉及两种不同的情境，逻辑上看，并不一定要绑在一起。如果在同一个行为者的身上，同时有着权利和义务，通常就涉及交换（交易）。因为权利增加了福祉，而为了增加福祉，往往要付出代价。承担某种义务，就是付出的代价。也就是，如果权利义务同时存在，就是以承担某种义务换得某种权利。以买报纸为例，承担了付钱的“义务”，以换得拿走报纸的“权利”。或者，股东享有取得股息的权利，是因为先承担了付钱买股票的义务。当然，这种解释只是原则，也有例外。例如，国民受义务教育，同时是权利和义务；国民有权利受义务教育，国民也有义务受基础教育。权利义务同时存在，并不涉及交换。

此外，关于权利和义务的关系，有的学者认为：所谓彼此呼应，是指一方有权利，则对应的另一方有义务。这种观点显然不是主流，而且有两点可议：第一，由文中的实例看，真实世界并不是如此；第二，这种立场并没有回答或处理“为什么”的问题。为什么一方会有权利，他（她）本身有无义务？为什么另一方要有义务，他（她）本身有没有权利？因此，稍微琢磨就可以发现，“一方权利一方义务”的立场，只是一种主观上的认定或宣示。智识上有兴味和有挑战性的问题，都消失不见。

最后，如果权利义务不同时存在，通常也就意味着“交换”的成分不明显。例如，公民有投票的权利，除少数国家外，并没有投票的义务。这种权利是法律所赋予（也是权力权重下的共识），但是不涉及义务，也和交换无关。同样，父母有照顾未成年子女的（法定）义务，但是没有对应的权利。年老时享受子女照养的权利，是跨越了相当的时空，如果认为这是权利和义务的对应，正呼应了“**跨时交换**”的解读！

人赋人权

权利和义务，是由权力权重下的共识所决定，这是一种实然的描述，不涉及价值判断。借着两个实例，可以看出这种“实然论”的解释力。

众所周知，在台湾地区的“民法”里规定：“自然人的权利能力，始于出生，终于死亡。”然而，这个规定看似简单，其实涉及很多曲折。譬如，在 2015 年 8 月 1 日，某甲过世，有遗产问题。而在这一天，某甲的妻子已经怀孕，可是还没有分娩。以 8 月 1 日而论，孩子还没有出生，自然人还不存在。但是，经过法学家们的共识，把自然人的范围扩大：虽然孩子 8 月 1 日还没有出生，只要出生时（譬如，12 月 1 日）存活，就“认定”新生儿是自然人，具有继承的“权利”。这种“认定”，正是法学界权力权重下的共识。其次，前面提到动物的权利，而王泽鉴教授“认定”：“动物不是权利的主体。”根据权力权重的共识，现代社会只要经过立法，就可以赋予动物（乃至于植物）某种权利。权利和义务来自于人们的赋予，而不是来自于哲学家或上苍（天赋人权）。如果法学主流采取王泽鉴教授的观点，也是一种权力权重下的共识。当共识变化时，对权利的认定也自然与时俱进。

由这个观点，可以进一步论证不同见解间的曲折。权力权重的共识，是解释权利的“实证说”。相形之下，王泽鉴教授（的认定）和道德哲学（天赋人权），是对权利界定的“规范论”。根据实证论，当“共识”发生变化，权利的界定自然而然发生变化（盲人专用的导盲砖）。由天赋人权的角度看，过去有盲人，现在也有盲人，过去上苍不赋予盲人这种权利，现在则赋予，为什么？

由“规范论”的角度，对于社会现象的变化，不容易有顺理成章的解释。而且，理论上其实有很多种“规范论”，哪一种规范论得到法学界的认可、成为主流见解，本身不就是“权力权重下的共识”吗？同样，如果“天赋人权”是法学界的主流见解，不也是法学界权力权重下的共识吗？人类社会对于各种价值和理论的取舍，难道不是由人们本身做出最后的决定吗？难道有超越人们的主体，替人们做出决定吗？如果是后者，人们是否愿意接受，难道不还是操之在我吗？

理论对比：吻一下，值两百万？！

由一个具体的案例，也许可以更清楚地掌握权利和义务的分野。对于这桩意外，大部分的人会觉得惊讶、庆幸，甚至会有点幸灾乐祸。但是，事实明确，很少人会质疑是非对错。然而，是非对错真的很明确吗？

温州市的一位妇女，开雅阁（Accord）车上路，市区里转弯时，不小心擦撞一辆静止的轿车。交通警察到场鉴定，肇事过失在妇女，她要负责损害赔偿，问题是：被撞的是一部劳斯莱斯（Rolls-Royce），市价约1100万元人民币。据初步估计，以原厂配件修复，前后大概要200万元人民币。妇女所投保的意外险，最高理赔是20万元。媒体报道，妇人名下有两套房子，大概只好卖了，还不一定能善后。对于这则社会新闻，有家报纸用的标题是：“吻一下，值两百万！”

根据传统法学见解，这个擦撞事件非常单纯：被撞的车停着不动，撞车的要负完全责任。投保金额不足，要自己负责。毕竟人民的财产权（包括劳斯莱斯），要受到完整的保障。对于社会大众的启示则是：开车要小心，特别是接近高级轿车时。还有，投保时不要小气，最好未雨绸缪！

然而，虽小道，必有可观者。由特殊事件里，往往可以萃取出有意义的信息。甚至，可以借机检验某些习以为常、被视为当然的概念。首先，有极少数的人头骨脆弱，名为蛋壳头（an egg-shell skull），别人不知道，患者自己可是一清二楚。走在马路上，万一别人不小心碰上，跌倒受伤颅内出血，后果非常严重。身为蛋壳头，自己需不需要采取一些防护措施？其次，有些人好尚特殊，养老虎当宠物。如果牵着驯养的“大猫”逛街，等于是把极端危险的东西带进人们活动的空间。万一有了闪失，养虎人是不是要承担责任？

以这两个例子为基准，对于劳斯莱斯的擦撞事件，也许就会有不同的解读。劳斯莱斯名车极其昂贵，进入一般人的生活空间，万一有了闪失，即使是别人所造成，自己也该承担某种责任。原因很简单，就像古董玩家手捧极其珍贵的茶壶上大街，一旦有意外，自己也有部分责任。一般人的生活空间里，只有一般的风险，有人把不寻常的风险带进来（老虎、古董），就要承担部分或全部的责任。还有，蛋壳头最知道自己的情况，最容易采取防范措施。同样的道理，名车车主最知道自己车子的身价，也最能预为之计，譬如先买充足的保险、少开进人多车多的地方等。因此，处理擦撞意外的关键时点，并不是在擦撞的那一刹那，而是更早的时候，也就是买名车代步的那个时点。

事实上，由这个特殊事件，还可以探讨更根本的问题：权利和义务如何界定，又是根据什么原则？稍稍琢磨就可以发现，权利和义务的赋予（买车/开车，蛋壳头/逛街），都不是绝对的，各种权利和义务所享有的空间，都有一定的范围，受到相关条件的影响——你有买/开劳斯莱斯的权利，我也有开车上路无须提心吊胆的权利。权利和义务的界定，不是根据天赋人权或抽象的哲学思维，权利和义务的结构，是希望能使社会的快乐/财富/资源等愈益丰饶。对于权利和义务，传统法学往往是由“基本人权”着眼，由个人出发。换种角度，由社会整体出发，琢磨权利和义务的意义，或许更能见树也见林。在复杂的现代社会里，这种思维方向可能更有解释力。

而且，普通车驾驶的义务，是小心驾驶。一旦肇事需要赔偿，似乎只有在负担的部分，可以视肇事者的能力调整。然而，责任的界定可以更细致一些：撞车的事件本身可归责于肇事者，但是撞的是“豪车”，已经加入了新的成分。也就是，肇事者的赔偿责任（义务），可以是有限度的。因为豪车驾驶人所拥有的权利，也受到节制。虽然普通车撞豪车，因果关系明确，根据“可归责”的概念，似乎应全赔。然而，就像碰了别人，可归责，但别人手中顾景舟的壶落地砸碎，未必可以成为“可归责”的一部分。

一言以蔽之，权利和义务的形式、内容等，受到很多因素的影响，而不是简单的天赋人权、基本权利等概念就能界定清楚的。孙中山尝言：“人尽其才、地尽其利、物尽其用、货畅其流。”抽象来看，这正是考量权利和义务结构的基本原则，当然也适用于擦撞劳斯莱斯的善后！

结论

权利和义务是法学里两个非常重要的概念。这两者之间的关系，逻辑上有很多种可能：两者有时在一起，有时分开；两者大部分情形下在一起，也有分开的情况；两者必然在一起，不弃不离等。稍稍琢磨，可以体会出：第一种立场最宽松，但对法律学者帮助不大。第三种立场最严谨，但是在理论上最难捍卫（或要坚持这种立场成本最高）。相形之下，第二种立场合乎直觉和生活经验。在理论上也较严谨（容许例外）。本章的论述，也就是阐明这种立场。当然，权利和义务何时相连，何时又不相连，本身就是值得深究的课题，有待来者。

最后，有一点值得强调。对于权利和义务的探讨，可以由规范的角度论述，也可以由实证的角度琢磨。本章一直采取实证的立场，让证据来说话。性质上，由社会科学建构实证法学，像是由众多瓷砖镶嵌而成的一面全景。这一章，可以看成是其中的一小块瓷砖。不是全景，只是其中小小的一个角落！

参考书目

① 王泽鉴：《民法总则》（增订版），中国政法大学出版社，2001 年。

② Hoebel, E. Adamson, *The Law of Primitive Man: A Study in Comparative Legal Dynamics*, Cambridge, MA: Harvard University Press, 2006.

③ Horwitz, Morton J., "Law and Economics: Science or Politics?" *Hofstra Law Review*, 8(4): 904–912, 1980.

④ Ramseyer, J. Mark, *Odd Markets in Japanese History*, Cambridge, UK: Cambridge University, 2008.

第四部

在法学界，教义法学目前还是主流。社科法学提出的挑战，必须能站稳阵脚，才有说服力。三篇关于《民法》《刑法》和《刑事诉讼法》根本问题的讨论，就是由社会科学（特别是经济学）的角度，上穷碧落下黄泉，希望在旧瓶里添上新酒！

第十一章　社科法学和教义法学之争

知其然而，也要知其所以然。 ——佚名

为什么是教义法学?

2014年5月31日和6月1日，在武汉有一场研讨会，由中南财经政法大学、《法学研究》期刊和《法律和社会科学》期刊合办。在法学的发展史上，这两天的会议说不定将会留下鸿爪！由主办单位就可以略知一二：中南财经政法大学是大陆传统政法学校的“五岳”之一；《法学研究》是大陆法学期刊的第一品牌；《法律和社会科学》由社会科学探讨法学，刚被收入大陆CSSCI数据库不久。两天会议，群贤毕至，论文集厚达四百多页，我有幸先睹为快。其中，北京大学法学院前院长朱苏力的《回望与前瞻》一文，可以说是点睛之作。

十余年前，他发表过一篇文章，指明传统法学的缺失，认为必须向社会科学汲取养分。法学重镇一出手，立刻引发持续讨论。十余年后，“教义法学”和“社科法学”已经是专业用语。“法教义学”是由各种教义（legal doctrines）探讨法律问题。称“教义法学”（doctrinal analysis of law），可能比“法教义学”更适合，而且刚好可以和“社科法学”对称及呼应。朱苏力回顾过去，检视当下，瞻望未来。行家出手，论述有据，观察入微，令人击节！

然而，朱苏力的美文也引发一些问题，值得进一步斟酌：虽然教义法学有诸多缺失，可是无论中外，都还是法学界的主流。为什么？事实是：1960年法律经济学出现以前，教义法学已经存在数百年。之后，即使经济学者进驻法学院，依然有相当比例的法学院几乎完全不受影响。半个世纪过后，教义法学仍是主流。为什么？相对于弊病丛生的教义法学，社科法学似乎是替代方案。然而，社科法学的身影却模糊不明。如果高举社科法学大纛的掌门人都不能界定清楚，其他的人又该如何是好？还有，华人社会的法学界，目前似乎是群雄并起，一旦尘埃落定，又将会是何种局面？

对于朱苏力引发的这三个问题，本章将一一叙明。

就远取譬

对于一般读者而言，可能无从领略教义/社科法学的区别。因此，由一个广为人知的参考坐标开始，可能较好。

哈佛大学的桑德尔教授的开放课程和畅销书《公正》几乎家喻户晓。他提到两个情境，问大家如何取舍：首先，一列火车疾驶向前，不远处有一分岔口，往右有五个人在铁轨上玩，丝毫不觉火车将至；往左，铁轨上有一个人在玩，也没觉火车将至。如果你是火车驾驶员，会往左驶还是往右驶？第二个情境，你站在桥上，铁轨就在桥下，你身旁有个胖子，把胖子推下去，可以挡住疾驶而至的火车，拯救铁轨上的五个人。那么你将如何自处，是不是也会选择牺牲一个人救五个人？

桑氏接着介绍，在抉择时的两种判断方式：**规范式思维**（categorical reasoning）和**后果式思维**（consequentialist reasoning）。哲学上看，对就是对，错就是错，这是规范式思维。根据结果是好、是坏取舍，是后果式思维。桑氏指出，社会上的多数人是根据规范式思维自处。为了达到目的（结果）而不择手段，这是结果式思维。只考虑对错而不计后果，是规范式思维。因此，由道德哲学的角度，显然规范式思维要高于结果式思维。

然而，桑氏没有进一步追问，这两种思维方式到底由何而来，彼此之间的关系又是如何？其实道理很简单，一点就明。在人类长期的演化过程中，面对大自然的考验，要趋福避祸，设法生存和繁衍。经过长时间的经验累积，人类知道有些行为会导致不好的“结果”，譬如雷电交加在旷野上行走。然后，这类行为会逐渐被归类为“不好的”行为。因此，结果式思维其实是规范式思维的基础，规范式思维等于是结果式思维的**简写**或**速记**（short-hand）。

也就是，在一般的情境下，不需要再思索行为的结果如何，只要根据情境的类别（各种规范）就可以应付裕如。规范式思维降低了思维和行动的成本，有助于人类的存活和繁衍。好坏是非善恶对错的规范（价值判断），不是凭空而来，也不是根据哲人圣贤的教诲，而是演化过程所归纳提炼出的结晶。偷东西是“不好的”，因为长此以往会导致不好的“结果”；（行有余力）帮助人是“好的”，因为在大部分情况下，这样的行为会带来好的

"结果"！

教义法学和社科法学的相对关系非常类似。传统法学里所依恃的各种教义（《民法》的诚实信用原则、契约自由原则；《刑法》的正当防卫原则、防卫过当原则等），不是凭空出现，而是经过长时间的摸索归纳而出，因为会带来较好的"结果"。因此，社科法学可以说是教义法学的基础；而教义法学可以说是社科法学的简写或速记。在教学和实际运用时，不必每次都追根究底，由社科法学中找理论基础。只要由各种教义出发，便可以大幅降低思考和操作的成本。一般人生活中也不会每次遇到状况都追根究底，以结果式思维来因应。同样，均衡状态的法学也不会完全是社科法学。

教义（doctrines）是思维已经简化的速记，除非碰到特殊情境，否则无须每次都检验这些教义。社科是教义的基础，教义是社科的速记。两者相辅相成，但有先后本末之分。社科法学是在了解社会的基础上，设计（方法）及操作法律（解释）；教义法学是在诉诸权威的基础上，设计和操作法律。即使不了解社会，有参考坐标（历来权威、个人经验），一样可以运作。社科法学的好处，是为法学提供更扎实的基础（知其所以然），更容易因应社会变化及新生事物。因为知其所以然，所以操作成本较低，一以贯之！教义法学的有些知识，如技术性、句读之学，是社科法学不具备，但操作法律极其必需的。较好的组合是：先修社会科学，特别是经济学，再修部门法。以社会科学的知识为基础，学习成本大幅降低。而后，作为背景知识，逐渐改变教义法学的内涵。取代一部分论述，调整论述。

当然，有两点涵义值得注意：首先，由教义出发，成本较低，久而久之，自然是教义法学当道。无论中外，几个世纪以来教义法学大行其道、历久而弥新，无需社科法学，是最好的证据。其次，就像规范式思维（以好坏是非等价值判断为出发点）一样，时间一久，变成知其然而不知其所以然。在传统农业社会里，春夏秋冬年复一年，只要依循旧习就可以安然度日。但21世纪的现在，新生事物不断涌现（网络、生化、金融等），教义法学捉襟见肘、左支右绌，其实有以致之。

当规范式思维不足恃时，要回到结果式思维上斟酌——面对新生事物，如何取舍才（可能）带来好的结果。同样的道理，当教义法学面对考验时，最好究其精微，在社科法学中琢磨究竟。事实上，社科法学念兹在兹的方法论，无需外而求也。而且，众里寻他千百度，蓦然回首，其实就在朱苏力多年来翻译引介的经典里！

就在眼前

波斯纳教授大学时主修英文，而后就读哈佛法学院，表现优异，担任《哈佛法学评论》的主编。以法学院成绩第一名毕业后，先到斯坦福大学任教，因缘际会接触经济学，对经济分析深感惊艳，因此转往芝加哥大学这个经济学重镇，担任法学院讲座教授，边教边学经济分析，也认识了贝克和乔治·约瑟夫·施蒂格勒（George Joseph Stigler, 1911—1991）等诺贝尔奖级经济学家。天资聪慧加上努力过人，他很快地就掌握经济分析的精髓，而后回过头来，重新检验他所熟悉、有高贵悠久传统的法学。他后来出任联邦第七区域法院法官，著作等身，是公认的法学界权威。

他在1981年把多篇论文集结成一书，名为《正义的经济分析》。该书第六、第七两章的章名，提纲挈领地揭橥了他的方法论：第六章是论原始社会，第七章是原始社会律法的经济分析。对于原始初民社会，他先提出一个整体性的架构。而后，再根据这种体会（理论），进一步探讨当时的法律。也就是，先有理论，再分析法律。

抽象来看，对于原始社会的各种人类学材料，波氏能提出理论架构，正表示他依恃了另一个层次更高的理论。也就是，对于人类行为，他的理论能一以贯之：既可以分析当代社会的现象/法律，也可以分析原始社会的现象/法律。随着时空条件的变化，社会现象的样貌或许不同，但本质上都是人类行为的结果。掌握了人类行为的特质，等于是掌握了解读法律的一把万能钥匙。

以图形表示，波氏的方法论可以利用图四来呈现。第一步，先对社会这个大环境能有理论架构来解释。第二步，基于这个解释大环境的一般性理论，再进一步分析社会的局部，也就是法律。法律经济学的思维方式，也是如此：基于经济分析，对人类行为有一般性的解读。然后，再根据这种分析架构，探讨人类行为的局部——法学问题。

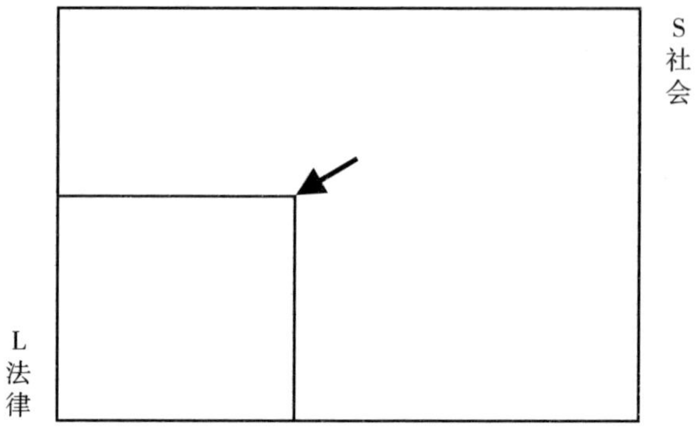

图四　社会和法律

波氏理论的脉络一清二楚，而且根据这种结构可以探究其他的问题。由此也可见，好的理论至少有两点特色：第一，观念上简单明确，对现实社会有解释力，甚至可以跨越时空；第二，以简驭繁，应用范围广。对于法学而言，波斯纳的理论有很重要的启示：一方面，有了理论，可以帮助回答“为什么”，学子除了知其然（法律条文），还可以知其所以然，而且毋庸外而求之于专家学者，自己就可以提出有说服力的解释。另一方面，理论的作用，是对于社会现象能提出合于因果关系的解释。波氏的理论能解释原始部落的律法，显然他的理论不会受限于部门之别而只适用于刑法或民法等。原始社会有律法，而没有部门法，这也正意味着，部门法的分门别类，是一种人为的框架。好的理论能透视各个领域，捕捉彼此的共同性。

让证据说话

社科法学的学习成本较低，付出起始成本之后，能一以贯之；教义法学知其然，不知其所以然，所以容易捉襟见肘，词穷无语。两者之间，类似“原理”（principles）和“操作手册”（manual）之分。

借着一个极其简单的例子，可以反映教义法学和社科法学的差别。在多所高校演讲时，我会请问在座的听众：“果子落入邻人土地，属于果树主人所有，还是属于邻人所有？”屡试不爽，几乎绝大多数的人都（通过举手）表示，应该属于主人所有。在西安一所著名高校里，现场约有三百位听众，包括多位法学院教授，结果，“全部”举手支持果子归主人所有，除了一位坐在第一排、读本科一年级的小女生！

教义法学的逻辑直截了当：果子是果树的**自然孳息**，虽然落入邻地，还是应该属于果树主人。然而，让证据来说话，这种情形虽然很少见，但是在《罗马法》和德国《民法》里明确规定：果子落入邻地，属于邻人所有。

由社科法学的角度着眼，理由其实很简单：如果属于主人所有，主人要进入邻人土地，侵犯隐私；如果迟迟不拣，造成邻人困扰；如果彼此都种同样的果树，（司法体系）辨认困难；当果树延伸接近邻地时，主人没有意愿修剪枝丫。相反地，如果属于邻人所有，没有侵犯隐私的问题，不会有应用管理的问题，不会把司法体系卷入，果树主人也会主动修剪枝丫，防范问题于未然。因此，对于这个简单的问题，教义法学会直接诉诸“自然孳息”

这个原则。相形之下，社科法学清楚地意识到：果子是果树的自然孳息，这是一种**价值**。但是，“落入邻地”带进了新的因素。在天平的两边，自然孳息要和**其他的价值**权衡比较，如何取舍，自然是着眼于长远——当时间拉长，哪一种做法（法律规定），可以带来较好的“结果”！规范式思维和结果式思维的对照，一目了然。

我在北京一所高校做报告时，一位成年听众发言反对：如果我的“太太”不小心走错，走进隔壁邻居家里，难道就变成邻居的吗？我立刻回应两点：第一，果子掉进邻人土地，是地心引力的作用；太太走进邻人家里，是自由意识。因此，作用力不同，不能错误类比。第二，你的太太走进邻人家里，你怎知道是“不小心走错”？他闻言一愣，然后面露愁容，若有所思。

结论

社科法学和教义法学的前景，将会是何种情况呢，前者会不会逐渐取代后者？由规范式思维和结果式思维的相对关系，或许有更为平实的拿捏。规范式思维是由结果式思维衍生而出，因为可以降低思考和操作的成本，所以成为一般人行为中的重要依恃。但是，由社会科学了解两者之间的相对关系之后，知其然而且知其所以然，可以更有效地运用两者；长期来看，有助于提升决策的质量。教义法学和社科法学的相对关系，约略也将是如此。后者不会完全取代前者，因为前者日常操作的成本较低。但是，了解两者的关系，对法学会有更完整而深入的掌握。在面对变动不居、日新月异的环境，可以从容因应、论述有据。

这种观察，对于朱苏力和他的社科法学同侪，也许有几点启示。

首先，朱苏力指明教义法学的缺失，并且提出社科法学的方向，对于法学界大有贡献。然而，持平而论，他的振聋发聩只做了一半。他和同侪一直没有找到社科法学的方法论，能够有效地帮助教义法学。如果以波斯纳为例（为师），哈佛法学院第一名毕业的“正黄旗”，潜心经济分析几年，从此一以贯之。以经济分析为主轴，斟酌损益，再回头处理法学问题，结果大放异彩，无入而不自得。十年一觉扬州梦，难道十年过后，朱苏力和他的同侪还是停留在批判教义法学的层次上吗？

其次，朱苏力和《社科法学连线》的伙伴们，几乎全都是在法学院里任职，也就是几乎都是受教义法学训练的科班出身。他们意识到教义法学的问题，想为法学寻找出路，然而却只是在法学院的九仞高墙里踯躅徘徊，靠彼此体温取暖和壮胆。在法学院里，批判传统法学，希望带进新的养分，是社科法学。可惜，在法学院内彼此唱和，却不能或不愿走出法学院，真正接受社会科学阳光的洗礼。为什么不打开大门，和社会科学正面接触、汲取养分？

因此，与其在法学院里论对社会科学，为什么不到法学院外，和社会科学（特别是经济学）研究者，论对社会科学？在法学院外，对法学有新的探讨、有好的分析工具，是法律经济学。可惜，在法学院外彼此呼应，却不能真正走进法学院的数仞官墙，发挥釜底抽薪、从根救起的功能。两边都走了一大半，却没有跨出另一大步，接触真正的目标群体。结果，只能在极其有限的范围里，偶尔发出微弱的声响。起伏过后，如空谷足音，回响稍纵即逝。由可喜可贺，到可叹可泣。

一言以蔽之，朱苏力可以说只踏出了第一步，指出了传统教义法学的缺失。第二步，是要找到替代方案，而不是满足于一个笼统的“社科法学”。找到更好、更有说服力的方法论之后，才能为法学界的工具箱更新武器配备。第三步，终极的挑战，是能以华人社会的法学问题为题材，对大陆法系法学，乃至于包含英美法系法学的“法律帝国”，增添智慧，做出根本的贡献！

参考书目

① Baird, Douglas G., et al., “The Future of Law and Economics: Essays by Ten Law School Scholars”, http://www.law.uchicago.edu/alumni/magazine/, Oct. 10, 2014.

② Liu, Sida & Wang, Zhizhou, “The Fall and Rise of Law and Social Science in China”, *Annual Review of Law and Social Science*, 11: 373–394, 2015.

③ Meissner, Christian A., et al., “Empirical Legal Studies and the Future of Law and Social Science at the NSF”, http://www.researchgate.net/publication/256011915, Nov. 6, 2015.

④ Posner, Richard A., *The Problems of Jurisprudence*, Cambridge, MA: Harvard University Press, 1993.

第十二章　为何民法要分物权和债权?

物有本末，债有终始；知所先后，则近道矣！ ——佚名

大哉问

在大陆法系的民法里，物权和债权有着重要无比的地位。可是，为什么要有这两个概念呢？这个问题，不仅令一般法学院学生哑口无言，对于长年浸淫法学的民法专家，都不见得能应付裕如。

2013 年 6 月间，因缘际会，海峡两岸的民法泰斗（简称台湾地区权威和大陆权威）相逢于杭州，笔者（学子）躬逢其盛。杯觥交错间，学子起身趋前向大陆权威敬酒，并且请益："请问 × 老师，民法里为何要分物权债权？"大陆权威立刻回应："因为台湾地区的'民法'里是这么规定的。"学子继续问："那么请问，为什么台湾地区的'民法'里要这么规定呢？"大陆权威转过头，手指台湾权威："那你要问 × × 老师！"坐在主人右手边的台湾地区权威，听到这一问一答，也反应："因为在其他大陆法系国家里，也是这么规定的。"酒过三巡，等学子再次向两位权威敬酒时，台湾地区权威主动表示："民法分为物权和债权，比较好处理请求权！"

事后，学子的体会是：对于这个简单、但极其根本而重要的

问题，两岸的民法权威似乎也没有简单明了的答案。而且，“比较好处理请求权”的说法，只是把问题往后推了一步，因为可以继续追问：“民法里分为物权和债权，为什么比较容易处理请求权？”因此，学子希望能经由文献探索和思维论对，深入而明确地处理这个“门外汉式”的问题。吾爱吾师，吾更爱道理（真理），诚不诬也！

本章的论述有两层重要的意义：第一，民法为什么要分物权和债权？对于这个问题本身，希望能追根究底、直捣鹄的。而且经由分析论证，让证据说话，希望能提出一针见血、老妪能解的说明。第二，本章的分析将援用社会科学里相关的智识，兼听而聪，兼视而明。借着衬托和比较，对问题能提纲挈领、究其精微。主要的智慧结晶，可以一言以蔽之：民法分为物权和债权，主要是因为契约（买卖）往往涉及时间递延。如果契约（买卖）立时完成（instantaneously completed），则不会有践约的问题（enforcement problems），也就不需要区分物权和债权这两个概念。以下各节的内容，就是由不同的角度，阐释这个学理上的体会。

溯源——时间落差

在这一节里将介绍的社会科学的观点，可以简称为“时间落差说”。是不是较有说服力，就让证据来说话。不管是黑猫白猫还是花猫，能抓老鼠的才是好猫。在真实的世界里是如此，在理论的世界里，也是如此——或更是如此。在此将由两个角度，介绍时间落差的观念。首先，是货币出现的过程。其次，是交易成本的概念。

由双重巧合到货币

大陆法系的民法里，“债权”和“物权”是两个极其重要的概念。然而，很可惜，在许许多多的民法论著里，都没能正本清源，简单明确地解释清楚，到底这两个概念由何而来，为什么会有这两个概念。

对于物权和债权这两个概念的由来，可以以一段故事为对照，就近取譬。古老的原始社会里，各个人家往往耕种和饲养家禽家畜。张三的鸡多了，但是没有鸭，就可以带着多的鸡到市集或村中空地去卖，以物易物交换鸭。如果刚好李四多了鸭而缺鸡，两人相遇，条件谈好，鸡鸭易手。这是“双重的巧合”（double coincidence）——张三的供需和李四的供需，刚好同时成立。如图五（a）。

然而，以物易物隐含双重的巧合，耗费心力时间，而且未必能凑在一起。聪明的人慢慢发展出了另一种交易互惠的模式：单一的巧合。张三的鸡正是李四所需要的，李四有鸭，但是张三要的是鹅。没有关系，张三把鸡给李四，李四把货币（贝壳、碎金碎银、欠条等）给张三，张三可以带着货币去找别人买鹅。如图五（b）。因此，货币的出现大大地增加了交易的范围，本质上，货币这种工具可以解决“跨时交换”（inter-temporal exchange）

的问题。买卖不再需要以物易物，而可以片断、个别地完成，可以跨越时空，而不再需要瞬间完成。钱货易手，就隐含了钱和货可以分开来处理。

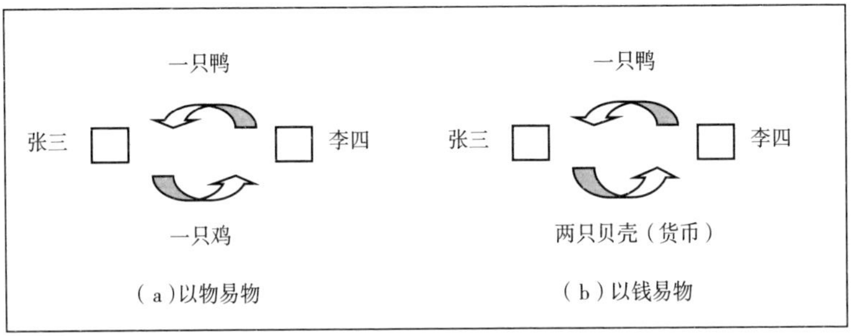

图五　交易的性质

由这个角度着眼，民法的债权和物权，就是把一桩交易细分成两个部分：物品（钱、货）和债务（契约关系）。在许多情形下，物权和债权同时处理，而且没有后续的履约纠纷，因此感觉不到两者的区分。譬如，便利商店买报纸，“钱和报纸”（物权）与“付钱和交报纸”（债权）同时完成。可是，在许多交易、契约、互动行为里，这两者很可能会区分开来。譬如，买卖房屋时，房屋和价金是物，交易和契约是债。可能收了钱没有交屋，也可能一屋二卖，形成三角纠纷。把物权和债权切割开来分别处理，观念上有助于思维厘清，也就有助于处理法律问题。从另一角度来看，人对双重巧合的突破，正是人为了挣脱时间的束缚，以安排自己的未来。如图六。

由这一段叙述里，可以得到两点重要启示：第一，债权和物权这两个概念，是由人类社会的实际生活所发展而出，是一种工具（tool），具有功能性的内涵。也就是，概念即工具。第二，债权和物权并不是来自于上苍的恩赐或哲人的启迪。

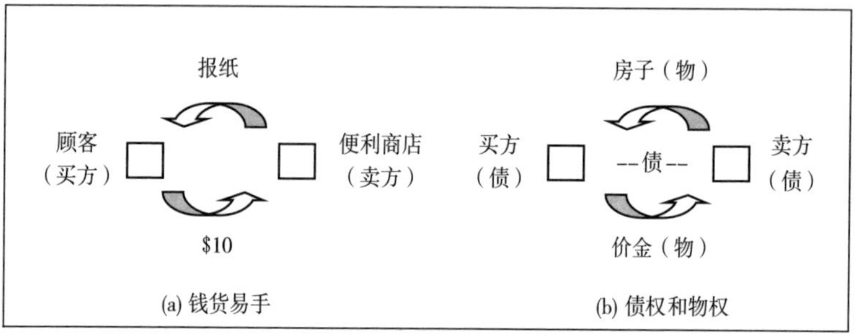

图六　交易和物权债权

交易成本和时间

一项交易要达成，或契约要成立，双方（或多方）要付出心力时间，耗用人力物力。这些付出可以概称为交易成本（transaction costs）。交易成本理论最早源自于科斯的两篇经典论文。利用一个具体事例，最容易体会交易成本的形式和内涵。

以买冰箱为例，可以分为三个阶段：事前、当时、事后。事前，要搜寻相关的信息；买卖当时，可能会讨价还价，议定买卖条件；事后，产品有瑕疵或分期付款，有践约的问题。这三个时间点，可以借图七所示的时间轴线，清楚地反映出来：

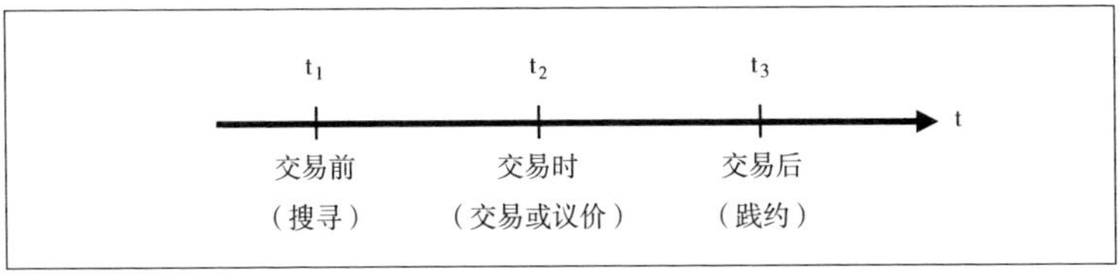

图七　交易成本

如果交易成本为零，则资源的运用会是有效率的，这是有名的**科斯定理**（Coase Theorem）。要想象“交易成本为零”的情境，可以把三个时间压缩成一个点。在信息是完整的情况下，交易立时完成，没有交易成本，不需要搜寻和议价，也没有践约和履约的问题。交易成本为零，资源的运用是有效率的。既然没有践约和履约的问题，因为没有“事后”，也就没有任何纠纷。既然没有任何纠纷，也就不需要有债权和物权的概念。因此，借着时间轴，可以由另一个角度阐明，债权和物权这两个概念为何要出现。如果交易瞬间完成，钱货易手（或以物易物），银货两讫，双方就此别过。关于这笔交易，彼此再也没有任何纠葛，何需物权债权的划分？就是因为在众多交易中，总有一小部分事后出现问题，为了处理践约和履约的问题，才发展出物权和债权的概念。

事实上，由“债”这个字的本身，就可以看出时间落差的意义。因为，债的存在就表示在目前这个时点上，还有未清偿的权利义务。而且，债是由“人”和“责”两个部分所组成，其原意就隐含着：人所承担的、尚未完成的责任。

高下之别——证据说话

这一节里，将先由《民法》和相关法律里举出两个实例，以凸显时间落差说的意义。而后，借着对照，希望烘托出说服力的高下。最后，再提出整合性的分析，希望能把债权物权的来龙去脉、前世今生，交代得一清二楚。

时间落差说的实例

第一个实例和企业的并购有关。前面说明，人类经济生活的复杂化，是区别物债二权的根本原因。买卖的缔约和践约之间如果有时间落差时，物债二权的区分就显现出重要的工具性作用。若缔约和践约可以同时完成，区分二者的意义就变得不再重要。在商事交往活动中，企业并购的两种方式，恰好生动地说明了这一点。

在经济活动中，买卖契约的标的物已经不再局限于某一特定物，而是变得多元化和复杂化。企业并购（mergers and acquisitions, M&A）是公司扩大规模的重要手段，这是指通过买卖的方式，企业之间进行兼并或收购。通常情况下，企业并购的模式分为资产并购（asset deal）和股份并购（share deal）。前者是将目标企业所有的资产（包括动产、不动产以及知识产权等无形财产），作为契约的标的物，通过签订契约的方式，购买目标公司的所有财产，实现对目标公司的买卖。后者则是将目标企业的股份或份额，作为买卖契约的标的物。

如图八中所示，在资产并购中，买卖契约的标的物是目标公司的所有资产，如动产、不动产等有体物，以及知识产权等无形财产，同时包括目标企业现在享有的权利和承担的债务等。在这种买卖标的物复杂多样的情况下，签订并购契约时，很难同时实现权利的同步转移。例如，面对土地、房屋等不同财产，登记制度是所有权转移的要件。因此，相关契约的缔结时间和所有权转移的时间，必然存在着落差。这种情况下，区分物权和债权，有利于整个并购活动的进行和完成。相较而言，在图九的股份并购中，买卖契约的标的物是目标企业的股份（或者份额），买卖标的物实质上是一种权利。若法律对相关权利的转让，并没有某种法定形式作为生效要件，可以在签订买卖契约时，同时实现股权或份额的转让。这时，区分物债二权的意义显然不如前一种形式中那么重要。

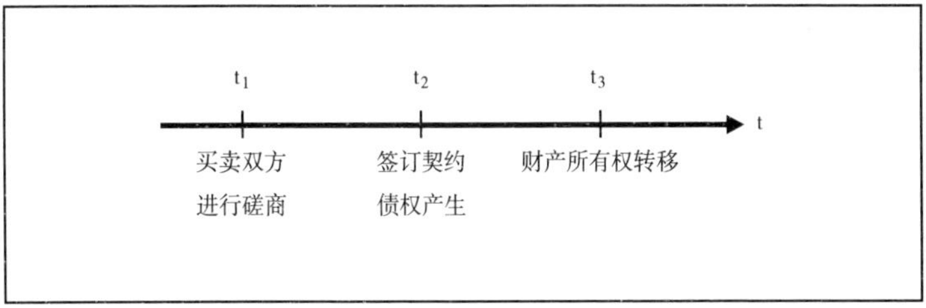

图八　资产并购

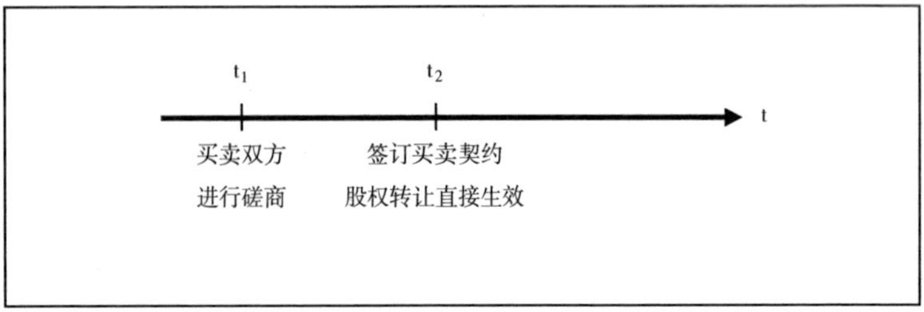

图九　股份并购

从以上举例不难看出，区分物债二权最基本的原因，和道德哲学并没有任何的联系。在公司并购中，物债二权的划分，完全是缔约和践约之间的时间落差而导致。

相形之下，第二个实例则和网络交易有关。网络应用的普及，使电子商务在人们生活中的重要性日益提高。从交易标的来看，网络中的交易可分为实体财产交易和无形财产交易。前者如购买 iPhone，必然涉及时间落差，因为商品需要通过线下方式运送至买方手中。后者如购买某防毒软件的授权码，常常是瞬时完成，买方在线支付了价款后，软件使用权通过网络立即可以开通。

就有体财产交易而言，由于交易双方了解有限，且往往相隔两地，交易安全在网络交易中尤为重要。尽管法律（尤其民法）是保障交易安全的重要途径，但生活实践中，交易双方并不会因为法律的存在而“有恃无恐”；相反地，反而会采取各种途径来降低交易风险。比如，对买方而言，会优先考虑选择知名度较高的大型卖家。同时，许多中介性的网络平台，也会创设各种制度来帮助交易各方萃取安全性的信息。比如，多数网站都建立了买方确认收货前，交易价款由中间协力厂商暂时保管的方式，并鼓励卖方加入“七天无理由退换货”“假一赔三”等信用保障机制。事实上，从司法实务的案件情况来看，与数量庞大的在线交易相比，买卖双方因交易纠纷而进入诉讼程序的并不多。交易安全更多是通过商业竞争、行业自律等途径解决，而非法律。法律所起的作用，并非事前帮助当事人建立信心，而是事后帮助当事人以更清晰、有效的方式处理纠纷。以“交易安全说”来解释物债二分的原因，夸大了法律对当事人交易的影响。

此外，在网络中，无体财产的交易往往瞬时完成：一方履行了契约义务的同时（如支付价款），另一方也立即完成了对等义务的履行（如开通账户的软件使用权）。在这种瞬时交易中，物债二分的精致理论便显得无用武之地。这时称一方享有请求交付标的物的权利，或另一方享有请求支付价款的权利，意义有限。可见，若无视现实中交易存在迟延的现实，则无论道德哲学说多么精致美好，都将是可远观而无法应用而已。

整合理论

关于物权债权的划分，在此将截长补短，试着整合理论。然而，在论述之前，值得先提出两点观察，作为往后论述的参考。第一，人类社会经过了漫长的演化过程。典章制度不会凭空出现，法律制度，包括具体的法条和较抽象的专有名词和法学概念等，也不是由天而降。大陆法系的民法，以及民法的结构和内容，也是经过演进的过程。第二，法学论述的性质可以简单区分为两种：实证式论述和规范式论述。规范式论述是由应然式的角度，以道德哲学和信念为基础，论证观点。譬如，人不应该偷窃，这是应然式、规范式的论述。相形之下，实证式的论述，则是以真实世界的事实，作为论述的基础。至少在论述的前段，不做价值判断。譬如，在车站、百货公司等地点，小偷较多，过年过节时也是如此。这都是事实的描述，无关价值判断。

以这两点体会为基础，可以阐明几种理论的性质、意义，以及彼此的关联。首先，众所周知，德国立法的基础是《罗马法》，而《罗马法》不是凭空而降。《罗马法》是把当时已经存在、已有相当传统的风俗习惯，加以法条化或条文化（codification）。因此，《罗马法》里物债之分，只是反映处理买卖纠纷时，当时已经广泛运用的概念。物权债权概念的形成，是经过尝试错误的演化过程，就像交易（买卖）由以物易物而发展出货币，挣脱了双重巧合的限制。交易安全说和物权债权之间有间接的关联，但其实关联有些勉强。一方面，分出物权和债权，就能促使交易更安全吗？另一方面，基于交易安全的考量，其实有许多不同的做法。譬如，银货两讫（不得反悔）、协力厂商保证（网络支付、买保险）、履约保证（房屋中介），等等。由交易安全的考量，未必要划分为物权债权。

其次，道德哲学说可以说是后见之明。在已经有物债之分的情形下，对物权和债权这两个概念，提出哲学性的反思。这是一种规范式的论述，也许加深了对于物债之分的理解，但并不是解释物债之分的由来。再次，请求权的说法和物债之分关联非常紧密。物权和债权都是一种权利，而权利的存在本身就隐含了运用的权利。请求权的概念，反映了权利的存在、行使和运用。把交易涉及的权利聚焦为债权和物权，确实能凸显焦点，有助于请求权的运作。然而，追根究底，最根本的问题依然存在：对于交易（契约），为什么要用到请求权这个概念？如果交易（契约）立时完成，就不会有请求权的问题。可见，关键所在，还是在于"时间落差"。如果交易（买卖、契约等）没有时间落差，所有的权益交换都已经在瞬间达成，没有纠纷，没有践约履约的问题，当然也就没有请求权的问题，连带的，物权债权之分，根本没有必要。

此外，还有几个论证，有助于说明时间落差说的理论。

论证之一：时间落差说与经济发展史相符。如果时间落差是促使物权与债权区分的主要因素，那意味着物债二分在法学中的确立时间，应与商品交易大量兴起的时间接近。在人类发展史上，18 世纪发轫于英国的工业革命使机器代替了手工，商品的大量生产与交易蓬勃发展。而从物权与债权二分的历史可看到，大陆法系严格确立两者之分也正是在 18 世纪至 19 世纪。商品经济发达之前，商品生产的主要目的是为了消费，物权制度在各国法律中处于主导地位，物债二分虽然也存在，但并不特别引人注重。经济发达后，商品生产的主要目的逐渐从消费转变为交易，交易日渐频繁，纠纷不断增加，物债严格精致的划分才变得日益迫切。正是 18 世纪开始的工业革命，推动了理论上物债二分的确立。

论证之二：从物债二分例外的实例，可以看出不同学说的解释力。将权利分为物权与债权，一个重要的原因是：不同类型的权利在对抗第三人时，效力不同。物权可以对抗所有人，而债权只可以要求契约的相对人。因此，原则上物权优先于债权。但各国普遍承认一个例外：买卖不破租赁，房屋的承租人以租赁契约（债权）可以对抗房屋的买受人（物权），在租赁期限未了的情况下，后者不得要求前者搬离房屋。为何租赁契约可对抗房屋买受人（新的所有权人）？

由时间落差说来看，租赁的特点在于契约履行耗时较长。在漫长的履行期，给予承租人稳定预期（不受房屋所有权变动影响）可促进租赁的达成。同时，允许处于租赁中的房屋自由流转，可以促使财产更容易流转和增值。而且，不动产位置固定，买受人了解房屋租赁状态的成本，比承租人了解房屋被买卖的成本更低。因此，允许承租人（债权）对抗买受人（物权）合情合理。这也再次说明，概念即工具，物权与债权的区分并非天然如此，物权的效力优先于债权也并非理所当然，两者的区分取决于纠纷的有效处理。

可见，物债二分的发展是个渐变的过程。从《罗马法》上的对物之诉和对人之诉的区分，到对人权和对物权的提出，再到物权债权概念的确立，并成为民法体系构建的基石。这个渐变过程，与商品经济发展的进展相呼应。这是一种实证的视角，现实的需要促成了物债（工具）的生成和发达。商品交易频率的日益提高和形态的日趋多样，才促使思维精致程度日渐提高，物债二分的理论才变得日益精致严密和复杂。在物债二分的理论确立与体系构建上，法学家们做出了卓越的贡献。

论方法——更上层楼

对于法学问题的探讨，基本上有两个层次：第一个层次，是对问题本身的分析；第二个层次，是分析问题的方法。前者适用的范围较窄，可能只适用于特定的问题；后者的范围可以很广，利用同样的分析方法，可以探讨诸多不同的问题。因此，对问题本身的分析固然重要，而分析问题的方式，也有举足轻重的地位。对于民法分为物权债权这个问题，本章提出“时间落差说”的观点。在分析问题的方式上，也值得稍稍拉开距离，希望得到旁观者清的体会。

具体而言，有两个方向上的思维值得阐明：垂直方向和水平方向。垂直方向，指的是时间上的纵深。就以“请求权说”为例，可以说是不完整的理论，没有追根究底，找到问题的源流，以呼应人类社会发展的经验。提出“请求权”的概念，只是故事（学理上）的一半，更完整的故事，必须能回答一系列的问题：请求权本身由何而来？受哪些因素（力量）影响？请求权的范围（深度和广度）各有多少？如果不处理这些相关的问题，而以请求权为开始，等于是抽刀断水式或锯箭式的处理，最多是知其然，而不知其所以然。这种论述的方式，能运用的范围显然很有限。因为，如果不能解释“为什么”，最多是一些信念式的说辞，而未必能交代问题的来龙去脉，或者，未必能透视不同的表象，掌握底下共同的本质。

在水平方向上，本章一再采取比拟和譬喻的方式。先列出一个为人熟知的参考坐标，再借着对照比较，烘托出问题的关键所在。譬如，前面先介绍货币的发展过程，再对照物权债权的发展。还有，先借着时间轴，列出交易前、交易时、交易后三个时间点，再把三个时点压缩为单一的时点，以“瞬间完成”来衬托没有债权物权的情境。若交易成本为零，那么不仅物债二分不再需要，甚至整个物权法和债权法基本上都可以取消。若无纠纷存在，则法律也无需存在。换句话说，“如果”每次交易都是以物易物，甲给乙的正是乙所需要的，反之亦然，那么以物易物的每次买卖都是双方称心如意的，就不需要货币。

同样的道理，“如果”每次契约（买卖）都是瞬间完成，没有后续的履约纠纷，何需发展出物权债权的概念？还有，同样的逻辑，“如果”每次契约（买卖）都是立时完成，没有纠纷，没有跨时履约的问题，试问，还需要请求权吗？还会有请求权施展的空间吗？请求权的存在，本身已经隐含：有某种权益还没有被保障和实现，需要通过某种方式，以（请）求取得这种权益。试问：请求权的“存在”和“实现”之间，难道没有时间的落差吗？

利用比拟和譬喻来探讨物权和债权，还可以再举一些例子。关于契约（包括买卖），一般都有交换互惠的成分——若你如何，则我如何。在诸多契约形态中，有些必然涉及时间落差（代理孕母、定做衣物、佃农耕作等）。可是，有些契约几乎没有时间落差，几乎就是瞬间完成。而没有时间落差，就不需要债权物权。请求权的问题可能依然存在，可以援用其他的概念来处理，而不是物权和债权。还有，无论是垂直方向还是水平方向的论述，本章一直停留在实证分析的范畴里。实证分析是让证据说话，而不是让信念或权威说话。

法学问题的思考可以分为内部视角和外部视角，也就是法内之学和法外之学。其他学说之所以不能追根究底，是因为囿于以法内视角考虑问题。“民法分为物权债权，比较好处理请求权。”这个回答显然是一种法内之学的思维，以法律为基准，在法律体系内部寻求问题的界定及解答。而本章提出的“时间落差说”则是一种法外之学的思维，将法律本身视为社会现象的一种，站在旁观者的立场，对现象做出解读。诚然，像法律人一样思考，是许多法律人的引以为傲之处，但若仅限于内部视角的窠臼，而罔顾外部视角的启示，将错失许多理论上的前进机会。要强调的是，本章并非以法外视角来否定法内视角，相反地，是希望延伸传统的法内视角，为照亮法律提供一盏新的镁光灯，以烘托出法律更为完整的形象。

一言以蔽之，物债二分的来源，是在实际的生活中交易往往存在时间迟延的问题。在法律上，把这一问题区分为物权与债权，并构建起严密的理论体系，以面对丰富多样的社会现象，无疑需要学者丰富的想象力和精致的立法技术。

结论

这一章所处理的问题非常明确，如题目所示：为什么民法要分物权和债权？针对这个大哉问，追根究底，尝试提出一得之愚。当然，有许多相关的问题不可能在此一一论证。后续的研究，还可以进一步细究。譬如：民法分为物权和债权，对于处理哪些问题特别有帮助？在处理哪些问题上又是助益不大，或者可有可无？还有，本章所提“时间落差”和“立时完成”的概念，是否有助于检验债权物权之外，民法或者其他部门法里的概念？

还有一点，值得再次澄清。本章的论述完全不是否定物权债权，也不是想提出替代方案，希望取代物权债权。正好相反，本章主旨是探究物权债权存在的根本理由，希望能为物权债权的存在提出清楚、平实、有说服力的解释。希望强化物权债权的理论基础，加强民法的支撑力量，把民法物权债权的基础由流沙移到花岗岩之上。也许本章的字里行间有些急促，甚至语带挑衅，也许论证方式和一般的论著大相径庭。然而，略去表明的斧凿，瑕不掩瑜，在物债之分适用问题上，希望前面的大哉问是有的放矢，希望前面的分析是“言之有物（和债)”，为物债之分的理论增添新的智慧。

本章缘起是学子向两岸民法权威请益，而后引发了智识上的探索之旅。对于海峡两岸民法权威，这场智识之旅是由他们而起，看到学子初生之犊的论对，相信不但不以为忤，还会颔首嘉勉、乐见其成。学子分析上的一得之愚，希望能经得起时间的考验，而成为民法基本教材的内容。对于以后世世代代的学子而言，在民法开宗明义提到物权和债权时，能直指鹄的、一针见血，以老妪能解的方式表明：为什么民法要分物权和债权？答案是：因为交易通常有时间落差，而不是立时完成！

参考书目

① Coase, Ronald H., "The Nature of the Firm", *Economica*, 4(1): 386–405, 1937.

② Stigler, George, "The Economics of Information", *Journal of Political Economy*, 69(3): 213–225, 1961.

③ North, Douglass C., *Institutions, Institutional Change and Economic Performance*, Cambridge, UK: Cambridge University Press, 1990.

④ Posner, Richard A., *The Economics of Justice*, Cambridge, MA: Harvard University Press, 1981.

第十三章　显微镜下的“罪刑法定主义”

资源有限时，只有原始粗糙的正义。——佚名

众所周知，在大陆法系的国家里，“罪刑法定主义”是《刑法》的核心原则。《刑法》的结构和适用过程，可以说是以这个原则为中心。本章的目标，是挑战传统观点，提出更合逻辑的“罪刑法定”理解。

具体而言，现有的学说和实务上都把罪刑法定主义解释为：罪和刑都要依《刑法》的条文来判定。然而，另一种较广义的解释，也就是这一章主张的观点是：罪和刑都要依《刑法》的“条文”和“程序”来判定，而不拘泥于《刑法》的条文。这一章将论证，相较于目前的通说，广义的解释也许更能反映罪刑法定主义的精髓。

罪刑法定主义：狭义解释

在刑法的论著里“罪刑法定主义”似乎是不言自明、天经地义式的道理。这一节里，将由三个角度检视对这个原则的狭义解释：文义、根据和操作方式。而后，再尝试指出这种狭义解释的潜在问题。

拘泥于文义

根据法律学者一般的解释，罪刑法定主义的基本含义是：法无明文规定不为罪，法无明文规定不处罚。罪刑法定主义简单地说就是，一个人的行为要构成犯罪，以及可以处以何种的刑罚，都必须有法律的规定。而且，罪刑法定主义在法治国家里，可以说是关于刑罚最重要的一个原则。

对于这个原则，学者们通常会从历史中找寻依据：第一，引述华人历史上早有罪刑法定主义。譬如，唐律里明定：无正条不为罪。第二，引述拉丁文的 *Nulla poena sine lege*（无法律就不可以有惩罚）。然而，稍稍细究就会发现，不管是拉丁文还是中文的表达方式，可以有不同的解读方式。罪刑法定主义关键在于罪和刑依"法"而定，依"法"可以是依"法定程序"，也可以是依"法律条文"，或者同时包含两种意义。可见，一般理论和实务上的立场，是采取了狭义的解释：罪刑法定是指依法律条文而定。

根据

在大陆法系的国家里，无论在理论还是实务上，都是以狭义的方式来解释罪刑法定主义。主要的原因大约有三个：首先，《刑法》的总则里往往开宗明义表示，刑责以有明文规定者为限。当然，《刑法》里会有这种文字，是反映了立法时的旨意，这也反映了立法上对罪刑法定主义是采取狭义的解释。

其次，无论中外，都可以在法学思想上找到类似的说法。因此，引用历史作为权威和支持的来源。再次，是来自于共识（consensus）。无论是学术界、司法运作，还是实务（律师等）都接受狭义的解释。这种接受狭义解释的立场，可以说是没有争议的。

操作方式

狭义的罪刑法定主义，似乎隐含着相当的客观性，只要把《刑法》的条文找出，自然可以决定是否有罪和罚。然而，稍稍思索就可以发现，情况当然不是如此。操作罪刑法定主义，其实需要一些相关的条件配合。

“徒法不足以自行”，《刑法》的运作不只是依恃条文而已。譬如，《刑事诉讼法》和相关程序，是《刑法》运作重要的配套措施。而且，罪刑法定主义衍生相关的概念，如不溯既往、禁止类推等原则，并不是罪刑法定的原义，而是将“法”限定为实体刑法后，人为补充的原则。此外，除了《刑法》条文，还依赖一些不言而明的价值判断。譬如，《刑法》有很多条文规定了“情节严重”“后果严重”，在没有司法解释的前提下，什么样的情节达到严重，判断的标准往往是一般常识。更重要的是，司法解释的存在更证明了，写在纸上的刑法无法做到明确、确定。唯有经过阐释的过程，才能决定行为是否符合构成要件。条文之间的空隙（gaps）是否填补，自然涉及法官是否可以（或应该）主动出击。

所有这一切，都意味着同样的事实：罪刑法定主义的操作不像自动贩卖机——投个硬币，零食/饮料自动掉出。一个特定的案件是否适用《刑法》，需要许多条件的配合。操作《刑法》是一个过程，而这个过程里的每个环节都涉及人的主观判断。如果罪刑法定主义只是依照条文，不会需要刑法学者汗牛充栋的著作，对《刑法》文义等问题反复抽丝剥茧，也不需要二级（三级）法院对案件再三斟酌审理。

潜在问题

罪刑法定主义的狭义解释隐含几个问题，值得点明。

首先，由逻辑上看，如果采取狭义的解释，罪刑法定主义根本无法操作。原因很简单，狭义的解释意味着凭借《刑法》条文，就可以决定案件的罪与刑。然而，罪刑法定发挥作用的前提——明确性——根本不可能实现。前面指明，即使是《刑法》条文也必须通过解释，才能发挥作用。即使是紧急避难、正当防卫、故意、过失等字眼，某个行为是否符合这些条件，也不能从字面上来判定，必须通过解释，以“法定的程序”来认定，是否合于紧急避难、正当防卫或故意、过失。因此，强调罪刑法定主义却忽略其余相关条件，是对罪刑法定主义残缺不全的理解。严谨的说法是，只靠文字是**逻辑上的不可能**（a logical impossibility）。罪刑法定不可能局限于条文，必须采取对策应对。譬如，通过立法解释、司法解释、司法裁量。

其次，一旦采取狭义的解释，就等于是把焦点放在“条文/

文字”上。“条文/文字”和“立法精神”“立法旨意”之间，虽然未必冲突，但显然有不同的着重。强调条文/文字，意味着句读之学、字斟句酌、刀笔之吏（检察官、律师、法官、学者都包括在内）。在司法实务上，这是常态，当然也可能引发问题。在立法上，更可能造成见树不见林、咬文嚼字的后果。为了恪守罪刑法定主义，往往花费可观的心思在条文/文字上。一旦有些微疏漏，因为修法过程冗长，反而容易产生弊端。对于研读法律的学生而言，紧抱条文虽然可能对条文的字句很娴熟，却往往不能掌握条文背后的来龙去脉。知其然而不知其所以然，在法学训练上当然不是好事。

再次，新生事物不断出现，特别是在生物科技和信息科技方面，立法时并无法未卜先知。所以立法陷入两难：要巨细靡遗，抑或原则性立法。科技日新月异的大势所趋下，不得不由条文逐渐转向旨意。结果，在实务上再次面对两难：要恪遵罪刑法定的条文主义，还是不局限于条文，以立法旨意为标杆？

此外，在大陆法系国家，罪刑法定主义似乎是众议佥同，毫无争议可言。然而，在判例法的社会里，却并没有这种传统。顾名思义，判例法就是以累积下来的经验智慧、原理原则作为判案论事的基础。显然，要操作《刑法》，不一定非要罪刑法定主义不可。而且，即使是大陆法系国家，在近两百多年里才如此强调罪刑法定。在罪刑法定主义被接受和运用之前，过去的人处理刑事案件时也有一套遵循的原则和方式。法律核心的部分，应该是跨越时空，在各个法律传承里都成立。

最后，众所周知，判例法国家里强调正当程序（due process

of law），一旦搜索、逮捕过程中有瑕疵，往往意味着从实体上让真正的罪犯脱钩。然而，强调程序是产生宣示效果，提醒未来的执法者，必须依法定程序操作。相形之下，如果条文有瑕疵，放掉罪犯之外，还意味着：在修法之前，其他人可以依样画葫芦，继续逍遥法外。有个例子一针见血：为了竞选议长，候选人向已当选、还未宣誓就职的议员买票。检察官起诉，被告律师抗辩的理由，是“公职人员选举罢免法”第九十九条：贿选成立，是向有投票权者买票；未宣誓就职，还不是议员，因此没有投票权。根据罪刑法定主义，必须无罪。

根据条文，确实不符合贿选条件。然而，由贿选旨意的角度，两人金钱交付，是基于合意（meeting of the minds），目的就是买票，损害了民主制度。紧抱条文，高举罪刑法定主义的大纛，结果是以词害意，削弱法治。而且，这种捍卫罪刑法定主义的结果，是这样的做法未来还可能重复发生。

这一节里，说明了罪刑法定主义狭义解释的意义，并且指出潜在的缺陷。当然，一件事物的好坏，是以其他事物为参考坐标，如果认为狭义的解释不好，必须论证其他解释方式的优点。在下一节里，将阐明罪刑法定主义广义解释的意义。

罪刑法定主义：广义解释

相对于狭义的解释，罪刑法定主义可以做广义的解释：罪刑法定是指罪和刑的决定都要经由法定的程序。具体而言，法定的套装程序含两个部分：**实体**和**程序**。实体的部分呼应《刑法》；程序的部分必然涉及两种程序：首先，对于《刑法》条文的解释和适用，必然经过适当的程序。譬如，由法学家解释和完善《刑法》的过程。其次，呼应《刑事诉讼法》，对于人的羁押、逮捕、审判、定罪等，都要经由正当程序。也就是说，广义的解释涵盖狭义的解释。条文还是很重要，然而只是罪刑法定主义的部分。当然，这只是表面上的印象，广义的罪刑法定主义值得做更精细的阐释。

内涵

狭义的解释，是把法定局限在《刑法》条文上；广义的解释，是把法定扩充解释为包括《刑法》条文和刑事程序。这种广义的解释，无论在逻辑还是实务上都比较缜密。

由逻辑上看，《刑法》条文只不过是操作刑事案件的一部分。对于《刑法》条文的解释和适用，必然经过适当的程序，也就是经过适当的过程，决定是否适用。此外，如果仅是恪守条文，在处理刑事案件其他环节的流程上，都无章法可循，那么罪刑法定主义的精神显然无从发挥。从逻辑上看，决定罪和刑确实不仅仅是法律的条文。一切刑法学工作者都在致力于这一目标：立法者用条文限定可罚性范围的框架；刑法学者通过释义将条文深入解析、达成共识；司法实务者在具体案件中运用法律、学说，对个案进行解释。所以，法定除了指《刑法》条文，也包括一定的程序。这一套程序表明了，对罪刑法定主义必须采取广义解释，才更符合逻辑。

由实务上看，要发挥罪刑法定主义的精神，除了《刑法》条文，事实上必须通过一套程序处理刑事案件。这套程序的运作所受到的规范，必须能配合（compatible with）对《刑法》条文的坚持。换言之，程序（配套措施）严谨的程度，必须和对条文的讲究不相上下。广义的罪刑法定主义，正是明确指出两者之间的关联，对于贯彻法治（特别是刑法部分），当然有极其正面的意义。

台湾“最高行政法院”法官帅嘉宝认为：罪刑法定主义采行后，并不意味着《刑法》不需再做解释，这应该已经是法律人的共识。立法者眼中的一点，在执法者眼中被放大为线段，放在个案中，任何法律文字都有进一步诠释的必要。就以欺诈罪中的“施用诈术”为例，对于“广告不实”“股市讯息不实”“发表预测”“对错误保持沉默”等不同类型，是否符合“施用诈术”的定义，都必须衡量再三。第一个层面有关“曲解法律文字”的问题，还是依罪刑法定主义来解决，要求法官在解释《刑法》时，要正确无误地理解法律。有关“事实认定”的问题，必须进入程序法的领域来解决。重视正当程序原则，强调有些社会价值，比发现事实真相更为重要。显然，对于罪刑法定主义的体会，业内的共识是早已超出文字之外。这隐含两点：第一，在实务上，狭义的解释无法操作。第二，呼应本文的观点，最好由广义的角度体会罪刑法定主义。

所以，从内涵上看，罪刑法定必然要包含处理《刑法》本身的实体法与处理定罪量刑的程序法，狭义的罪刑法定主义跟正当法律程序是实现正义的一体两面，不容分割。

广义解释的优点

由广义的角度解释罪刑法定主义，有几点明确的优点，值得阐释如次：

第一，对于罪刑法定主义有更完整的认知。规划和操作《刑法》时，可以更持平地考量程序和实体（条文），而不至于太过限制法官的裁量权，或轻视由正当程序得来的结果。

第二，呼应判例法系国家的体制和法治精神。判例法系国家强调程序正义（due process of law）。由广义的罪刑法定主义，可以清楚地体会到判例法系的精义所在。两个法系不可避免地要接轨，基于广义的解读，比较容易处理接轨的问题。对于法律学者和法学院学生，也有助于研读和思索不同法系里的法学问题。

第三，狭义的解释非常注意对《刑法》条文的推敲；广义的解释，有法定的程序为后盾，可以更注意条文的旨意和精神。而且，随着司法从业人员素质的提升（包括法官、检察官、律师、学者等），程序的可靠程度水涨船高。不拘泥于条文而多重视法定程序，更能实现《刑法》和《刑事诉讼法》所追求的目标。

第四，广义的解释平衡条文和程序，有助于降低立法的成本。《刑法》修订时，无须绞尽脑汁预想各种可能的情况，较多的心思可以花在捕捉立法（和修法）旨意上。当社会变化的速度加快，生化科技、信息科技、伦常关系、人际交往等变化的速度，往往远超修法的速度。因此，由狭义的解释移向广义的解释，更能符合社会的需要，避免法律和社会现实脱节。法官承担了相当重要的解释者角色，因为法官是第一个发现问题，并有解决问题驱动力的人员。具体案件要归入某个条文，法官才是罪刑法定的最终执行者。由最熟悉业务的法官来发现问题、解决问题，成本最低。

此外，思维上不妨换一种路径，考虑如何才能表达这种观念：罪和刑的决定必须有法律的依据，而且以明文规定者为限。那么，第一步，必须有《刑法》的文字；第二步，文字必须经过认知和解释，再达成共识（如发展出成熟稳定的刑法释义学）。第三步，刑事案件的审理要经过法定的程序，以决定刑和罚。因此，处理具体的罪和刑，不可能只局限在第一步的文字上。也就是，不会得到传统狭义的解释，而必然涉及两种层次的程序：针对《刑法》条文做出有共识的解释；针对刑事案件的审理依法定的程序操作。这样，《刑法》立法者、学者和法官分别承担着各个环节的执行罪刑法定的任务。罪刑法定主义不再是立法者的一言堂，更激发了学者和法官的积极性。

最后，对于法学教育，尤其有正面和积极的意义。法学院的学生无须皓首穷经地在条文字句中打转，可以将更多的心思花在思维逻辑上。句读之学不再是唯一的重点，培养学生思辨、掌握法理的能力，更为重要。长远来看，对学生和司法运作而言，都是较好的取舍。

和实务联结

对罪刑法定主义要采取狭义还是广义的阐释角度，当然可以在理论上论证。本节则是尝试把广义的阐释和司法实务联结，通过另外一个角度，来烘托广义阐释的意义。

多一道防线

传统的做法是以《刑法》条文为焦点。一旦有争议，只好在文字上推敲攻防。文字的论对是第一道防线。攻防结果再经二级审（或三级审）在程序上认定，这是另一道防线。

如果采取广义的解释，操作罪刑法定主义等于是多了一道防线：第一道防线是罪刑法定主义狭义的解释，针对《刑法》的条文考量。一旦对文字有争议，第二道防线出现：交由合法的正当程序解决争议。也就是说，当结果（outcome）有争议时，可以把焦点转移到程序（process）上。程序比较中性，比较容易达成共识。由控辩双方针对条文的旨意和正义公平的价值，在法理上论辩。通过公正程序的审判，法官运用自由裁量权适用法律并解释法律。前面所举议长贿选的案例，就不会拘泥于宣誓与否。未宣誓前送钱，双方合意，目的就是要买票，应该犯罪成立。

除了新增的第二道防线，原先的文字防线依然存在。通过二（三）级审，可以决定法理的援用是否更能处理争议，更能符合条文旨意和立法宗旨。新增添的防线等于是为《刑法》运作多加了一道安全阀和防火墙。对于发挥《刑法》的功能，会有正面的贡献。

实践

实践是检验真理的有效方式。广义的解释是否确实可行，不妨让证据来说话。通过两道程序，可以评估广义解释的良莠。

第一步，由过去的刑事审判资料中，筛选出罪刑法定主义不能完满解决的案件。第二步，由法界人士，包括法官、检察官、法律学者等，重新检验。暂时放弃原先对文字是否适用的争议，改而针对法理、条文涵摄、立法要旨考虑，再作成判断。而后，比较原先的判决和新作成的决判，确认是否有相当的歧异，再比较不同群体之间，看看相同判决是否比例很高。

通过这种方式，不但检验了广义的阐释，同时也检验了狭义的阐释。如果依据新的审理原则，有很高比例的案件有了不同的判决，而且不同群体之间，判决接近的程度很高，那么广义解释就优于狭义解释。因为广义解释等于是经过公评，不但更有说服力，而且更能发挥《刑法》的功能，彰显司法正义。

延伸考量

对于罪刑法定主义广义的解释，在此将考虑一些相关的问题，希望能更周全地掌握广义解释的意义，包括学理上的考量和智识上的兴味。

学理斟酌

罪刑法定主义的狭义解释和广义解释，可以看成是两种选项，这两者之间的取舍，涉及一些得失（trade-off）。狭义的解释已经有长久的传统，也是目前大陆法系国家的主流，操作的基础当然非常稳固。然而，追根究底，基础还是在于相关人士的“共识”。由这一种共识要移往另一种共识，除了观念上的转折，还隐含一些得失。

失去的是狭义解释的特性：焦点集中，针对《刑法》文字论证；众议佥同，不需面对扩充解释、类推适用等考验。得到的是广义解释的特性：逻辑较完整，《刑法》运作包含文字和程序，两者都是“法定”的一部分；操作较有弹性，添增了一道防线，更能符合《刑法》旨意和立法精神，而且有助于研习法学。

对于一般社会大众而言，影响并不大。法律专有名词和他们的生活无关，他们行为上的取舍并不是根据《刑法》条文或刑事程序，而是脑海里关于是非对错的价值观。然而，罪刑法定主义希望达到的目标，是保障一般民众免于受公权力恣意的侵害。因此，狭义的罪刑法定主义等于是为公权力运作极限列出了一个低标（a lower bound），即使刑事程序率性任意，民众的罪责至少有《刑法》文字为最后的保障。随着文明法治社会的进展，这种顾虑已经逐渐减弱。事实上，防止公权力侵害民众的目标，已经由国家政府这些大的主体转移到警察、检察官等更精细的个体。

众所周知的程序规定，如米兰达提示（the Miranda warning），有搜查票才得以搜查、侦讯时律师必须在场等，不再是针对《刑法》条文，而是针对刑事程序。由重视实体转向程序、实体并重，是一种举世皆然的趋势，代表法治程度的提升，对民众权益有更严谨周密的保护。也就是，广义的罪刑法定主义是为公权力运作的极限列出的高标（a higher threshold），刑事案件的处理，除符合立法，还必须符合法定的程序。抽象来看，随着时空条件的变化，司法体系的运作会与时俱进。即使是狭义的罪刑法定主义，随着时间的进展，对于《刑法》条文的掌握和阐释，显然会愈来愈缜密精致，法学界共识的程度也会愈来愈高。同样的观念，随着社会的进展，法治程度的愈益提高，对程序讲究的条件也愈发充沛。罪刑法定主义由狭义逐渐移向广义，是时代的趋势，反映社会条件的变化，也反映司法体系的脉动，更符合法学思潮的演进。

智识探索

探索广义的罪刑法定主义，还有几点智识上的兴味值得阐明。

首先，刑法是司法体系的一部分，司法体系又是社会典章制度的一部分。抽象来看，在刑法里成立的重要原则，在司法体系里也会成立，在社会的典章制度里也会成立。

很多学者都再三强调，财产权稳定，是社会发展成长繁荣的基础。财产权稳定，人们才有意愿做长远规划、从事资本性投资等。观念上来看，好的财产权结构符合三个简单的条件：稳定、明确、合于常情常理。由广义的角度解释罪刑法定主义，显然呼应社会在典章制度层次上的要求。司法体系里的实质正义和程序正义，精神也是如此。

其次，一件事物的意义是由其他事物衬托而出。红花和绿叶，分开单独来看，单调无聊，放在一起才相映成趣。同样的道理，《刑法》条文的解释和运用，不是单单诉诸文字。对于《刑法》条文字句的解释和运用，必须通过一定的程序；刑事案件的审理，也要经过一定的程序。狭义地解释罪刑法定主义，散发出一种错觉和假象，似乎恪守条文语意足矣。然而，广义的解释清楚而完整地呈现出《刑法》运用的全貌。《刑法》的文字和程序，是大陆法系国家里操作《刑法》的两大支柱，要发挥《刑法》的功能，必须兼顾两者。

再次，从历史发展来看，任何一个社会制度、司法制度都不是亘古不变的。罪刑法定主义的提出，是为了抵抗皇权专制和封建司法擅断。但是当社会早已摆脱皇权统治而实现法治时，为了正义的目标就有更高的要求。最后，由经济分析的角度，对于广义的罪刑法定主义也可以有两点体会。一方面，人类社会的演进是一个变动的过程，资源贫瘠时，生活里只能有必需品；资源丰饶时，才可能享受奢侈品。同样的逻辑，资源有限时，只能有原始粗糙的正义（raw justice）——刘邦入关中的宣示，“杀人者死，伤人及盗抵罪”，是最好的例子。当社会的资源愈来愈多时，可以追求更精致缜密的正义（refined justice）。由“实质正义”转向“程序正义”，正是这种逻辑的展现。罪刑法定主义的解释，由狭义到广义也是如此。

另一方面，狭义的解释关注的焦点是《刑法》的文字。对于文字核心的部分争议不大，但是一旦涉及文字外围的模糊部分（面对扩充解释时），困难度上升——观点不同，容易有争执。由经济分析的角度着眼，当使用一种工具的成本上升时，不妨思考运用其他的工具，希望能降低成本增加效益。当依恃文字的困难（成本）上升时，不妨采用法理或立法旨意。在这种情况下，利用替代工具的成本低，效益高。

结论

罪刑法定主义是操作《刑法》的核心原则。对于这个重要的概念，本章尝试提出异于过去的见解，由广义的角度阐释罪刑法定主义：罪和刑的决定，在文字上必须有法律的依据，在程序上也必须受法律的节制。

主要的理由可以简单归纳为四点：第一，狭义的解释，以《刑法》文字为限，不合逻辑。第二，对刑事案件的处理和审理，除了以《刑法》条文作为依据，还有内嵌在程序中的释义学运用和程序规则。罪刑法定不可能只限于文字。第三，广义的解释和判例法国家正当（法定）程序的精神相呼应。第四，兼顾程序和文字隐含了权利结构稳定，正是社会典章制度的基本原理。一言以蔽之，狭义的解释是罪刑法定的低标；广义的解释是罪刑法定的高标。由低标走向高标，是人类文明进展正常的轨迹。

最后，谨以两句引文，作为本章的结束：

“最后的关键所在，还是写在人们心里的法。”（It is in the end

the law that is written in the hearts of the people that counts.）罪刑法定主义由哪种角度阐释最好，不是诉诸某种客观指标或权威，最后还是由人来决定。

“（美国）最高法院的判决是终极，不是因为判决都是对的，而是因为判决是终极的。”决定案件的关键，并不在于美国《刑法》甚至《宪法》，而是在于程序。

参考书目

① Buchanan, James M., *Liberty, Market, and State：Political Economy in the 1980s*, Brighton, Sussex: Wheatsheaf Books, 1986.

② De Soto, Hernando, *The Mystery of Capital*, New York: Basic Books, 2000.

③ North, Douglass C. and Thomas, Robert, P., *The Rise of the Western World*, Cambridge, UK: Cambridge University Press, 1973.

④ Olson, Mancur J., *Power and Prosperity*, New York: Basic Books, 2000.

第十四章　放大镜下的无罪推定原则

一件事物的意义，是由其他事物衬托而出。——佚名

界定起点

《刑事诉讼法》的“无罪推定原则”，不仅是法学界看家本领般的专业术语，连一般市井小民也都耳熟能详、朗朗上口。法治思想深入人心，可见一斑。然而，即使是刑事诉讼里重要的环节，这个概念本身还是有许多值得探讨深究的地方。譬如，刑事诉讼的程序通常可分为搜捕、侦讯、审判、执行四个阶段。那么，在这四个阶段里，无罪推定原则是一体适用吗？无论答案如何，适用的程度有没有差别？这些差别，又受哪些因素的影响？还有，毫无疑问，在审判阶段，无罪推定原则的身影最明确可辨，然而，即使在这个关键阶段，无罪推定原则徒法就足以自行吗？无罪推定原则和证据法则之间，关联是如何？这一连串的问题，在学理和实证上都值得追根究底。

当然，学术资产的累积是踏在前人的足迹上（站在巨人的肩膀上），往前推进。关于无罪推定原则，法学界已有诸多论述。在下面的分析中，这些论述将是援用和对照的基础。这一章的主要结论，可以简单归纳如下：第一，水平方向上，在刑事诉讼的四个阶段里，无罪推定原则适用的程度并不一致，而且在各个阶

段里，主要的影响因素也不同。第二，垂直方向上，在审判阶段里，无罪推定原则展现得最明显，但是和一般认知相反，无罪推定原则其实不是关键，真正的关键所在，是法院所采用的证据原则。以下的论述，将以这两个论点为核心，从不同的角度论证阐明。

本章的结构如下：第一节是背景介绍，归纳前人的耕耘成果，界定论述的起点；第二节是水平方向的分析，论证在四个不同阶段里，无罪推定原则适用程度的差别；第三节是针对审判阶段，在垂直方向上耕耘挖掘，阐明在理论和实务上，操作无罪推定原则的关键所在；第四节是对延伸问题的琢磨，包括厘清方法论上的一些考虑。

水平方向：四个阶段

关于无罪推定原则，大陆学者和台湾地区学者都有论述。从这些论述可以看出，从水平方向上来看，学者大多同意：在刑事诉讼的各个阶段，无罪推定原则应当都适用，出发点是考虑到公平以及人权等普适价值。但是，对于在刑事诉讼程序中各个阶段，无罪推定原则适用程度上的差别，学者大多并未涉及。此外，从垂直方向上来看，学者们意识到无罪推定原则与证据的关系，认为无罪推定原则奠定了刑事证据的基本框架；实务中，无罪推定原则与证明责任的分配原则之间，关系也极为密切；但是，学者们虽意识到了无罪推定原则的重要性，却并未意识到操作无罪推定原则的关键所在。

在这一节里，将先澄清无罪推定原则的定义，再分析在四个阶段中，这个原则的适用程度。

预备工作

在做进一步的探讨之前，值得先澄清一些观念上的问题。

首先，是无罪推定原则的定义。根据一般的叙述，无罪推定原则是指："被告未经审判证明有罪确定之前，推定其为无罪。"这个定义可以说是狭隘的定义，只限定在审判这个阶段，因为在审判阶段才有"被告"。因此，根据这种定义，无罪推定原则不适用于搜捕和侦讯这两个阶段，因为在这两个阶段里没有"被告"，具有被告身份的人还没有出现。因此，一般是由广义的角度解读无罪推定原则："行为者在被证明有罪之前，推定为无罪。"行为者，包括人、动（植）物、公司团体等。动物园的老虎咬死游客，在被证明有过之前，也推定为无罪。根据这个广义的定义，就可以考虑在搜捕和侦讯等阶段，适用程度差别的问题。

其次，无罪推定原则是一个概念，和这个概念相关的自然是"有罪推定原则"："行为者在被证明无罪之前，推定为有罪。"然而，除了无罪推定和有罪推定，还有很多其他的可能性，其中之一，是"不作推定"："行为者在被证明有罪或无罪之前，不作推定。"厘清这个概念，是避免讨论时由一个极端（无罪推定）立刻跳向另一个极端（有罪推定）。以无罪和有罪为两个端点，可以界定出一个光谱，在这个光谱上，除了两个端点，事实上还有很多其他的点，代表不同的可能性。

最后，为了凸显刑事诉讼的过程和时间，图十标明了时间轴和对应的阶段。在原始社会里也有刑和罚，但是刑事诉讼的流程要简单得多。

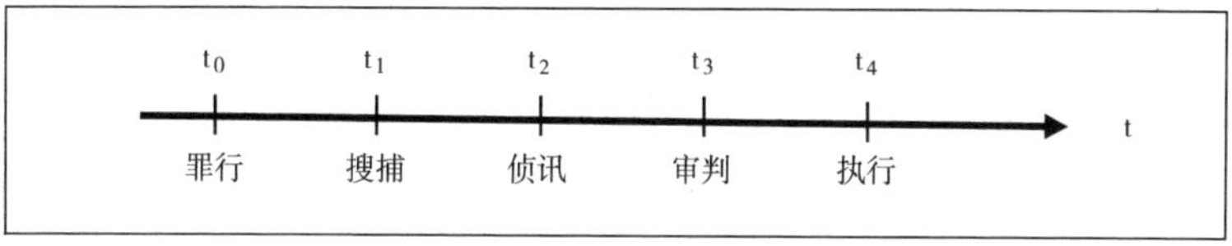

图十　刑事诉讼流程图

不同阶段、不同目标

在图十里，一旦审判确定，被告或有罪或无罪。若无罪则当庭释放，若有罪就进入执行的程序。因此，在执行这个阶段，和无罪推定原则没有直接的关系。审判阶段则是第三节的重点，暂且不多着墨。这里的焦点是在搜捕和侦讯两个阶段，无罪推定原则的适用程度。当然，这是指广义的无罪推定原则。

在一般情形下，会启动整个刑事（诉讼）程序，通常是有一桩罪行。譬如，郊外草丛里发现一具无首尸体，或者有人行窃造成银楼损失不赀。刑事程序的第一个环节，就是搜捕。在茫茫人海中，警方希望能尽快缩小范围，锁定几个可疑人选，这是**关系**

人。而后，经由线索和相关资料，希望把关系人的身份转变成**嫌疑犯**。因此，目标很明确，就是找出嫌犯。在这个过程中，（广义的）无罪推定原则其实隐身幕后，模糊而不明确。甚至，美国司法程序里的“米兰达提示”（你有权保持缄默，你现在所说的，日后可能成为呈堂证供……）也很难和无罪推定原则连上关系。

事实上，不仅无罪推定原则几乎杳然无踪，连有罪推定原则也着不上边。试想，在茫茫人海中，以有罪推定原则来操作搜捕，逻辑上根本不可能，因为人口众多，不可能把每个人都当成潜在的嫌犯。相形之下，“不作推定”可能比较接近真实的状况。在茫茫人海中，警方只是在缩小范围、在找嫌犯。任何人都有权利过着正常安宁的生活，不受干扰，当警方侵入而破坏这种安宁时，必须要有正当的理由，而且符合法定程序（due process）。

一旦进入侦讯的阶段，涉案人的身份由关系人变为嫌犯，检方（警方）希望能通过侦讯和其他方式，让嫌犯进一步成为**被告**，而进入下一个阶段。因为涉案的可能性升高，检方（警方）采取措施的侵犯性更强（搜索扣押证物、测谎、目击证人指认等）。当然，基于保障人权的考虑，采取的措施也必须更为严谨（不得夜间侦讯或连续侦讯、侦讯时有律师在场等）。在现代法治社会里，这些法定程序与其说是基于无罪推定原则，不如说是着眼于“程序合法”——不希望有程序上的瑕疵，导致检方控诉不成立！因此，在侦讯这个阶段，无罪推定原则最多是间接的、通过人权保障和法定程序这些更直接的考虑，反映在检方（警方）的具体做法上。在这个阶段里，无罪推定原则的容颜，可以说依然模糊不明。

在侦讯阶段，只要符合某些条件，检察官就可以向法院申请羁押嫌犯。当代的法治社会里，羁押的条件范围容或不同，但是都有羁押的制度。尚未经审判确定的人，直接失去人身自由，至少在精神上（而不是字面上），这是明明白白违反无罪推定原则。对于高举人权大纛、倡言无罪推定原则的人而言，很难自圆其说。然而，从以上的分析，这种做法却合情合理。因为，不同的阶段里，刑事诉讼程序所追求的价值不同，无罪推定原则只是几个重要的价值之一。一旦其他价值的重要性凸显，无罪推定的精神和实质可以让位，而完全无损于刑事诉讼的法治精髓——践行法制程序（due process of law）。一般而言，羁押的主要理由：有串供或逃亡之虞、罪刑超过某个刑期等。在这些情况下，不羁押的后果过于严重，因此，即使侵害人权，即使违反（广义的）无罪推定原则，还是值得采取这种做法。用经济分析的术语：当不羁押的潜在成本太高，而羁押的潜在利益较大，权衡利弊，在某些条件下，值得放弃无罪推定原则。

总结以上的分析，可以用图十一简单归纳如下：第一，一旦罪行发生，搜捕阶段的主要目标，是由人群中辨认出关系人，再把关系人变成嫌犯。侦讯阶段的主要目标，是希望把嫌犯变成被告。在这两个阶段里，（广义的）无罪推定原则只是涉及的价值之一，而且在相当程度上，是以隐晦间接的方式出现。第二，在特殊情况下，对嫌犯采取羁押的手段，抵触无罪推定原则，但是并不违反刑事诉讼的法治程序原则。

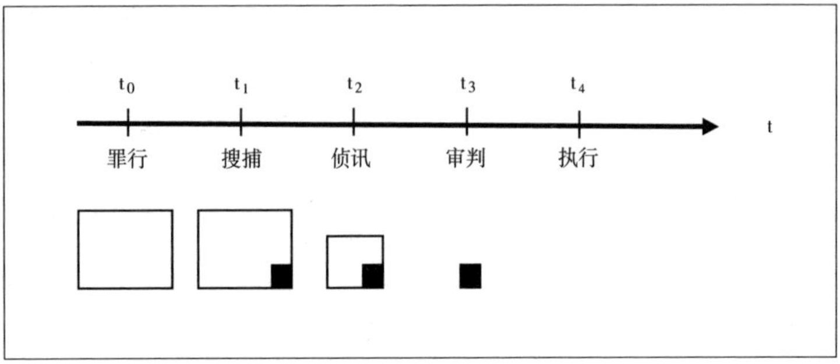

图十一　刑事诉讼流程目标图

垂直方向：无罪推定的性质和关键

当关系人变成嫌疑犯，嫌疑犯再变成被告，刑事诉讼进入审判阶段，也正是无罪推定原则一展身手的关键时刻。这一节里，将由两方面来分析无罪推定原则如何运作：针对这个原则本身，以及这个原则施展的场景。

无罪推定原则：关键所在

在做论述之前，值得把无罪推定原则再叙述一次："被告未经审判证明有罪确定之前，推定其为无罪。"同样，有罪推定原则也值得做一对照："行为者在经审判证明无罪之前，推定为有罪。"

很多论述都由无罪推定原则直接联结到“优势证据”原则（a preponderance of evidence）和“超越合理怀疑”原则（beyond a reasonable doubt）。可是，这种联结太过直接，是想当然，违反逻辑。仔细琢磨，无罪推定原则是指“未经由法定审判程序证明有罪之前……”，关键是“法定程序”和“证明”这两个环节。法定程序涉及很多细节，但观念上争议不大。比较重要的，是“证明有罪”这个概念，也就是法庭所采取的证据法则。

先考虑一个参考坐标：刘邦入关中，约法三章：“杀人者死，伤人及盗抵罪。”这是刑法的实体，是原始粗糙的正义。而且，程序部分几乎完全付诸阙如，由实际操作的人自由心证，拍板就算。相形之下，现代法治社会，关于证据法则，至少可以标出几个参考点：

为了便于分析，在图十二这个光谱上标了几个参考坐标：最左边（点 0）是没有任何证据；点 1 是有 25% 的证据，是合理怀疑被告有罪；点 2 是有 50%（或稍多）的证据，是充分证据；点 3 是有 75% 的证据证明被告有罪，是超越合理怀疑；点 4 是 100% 的证据，被告有罪。就逻辑上而言，法院所采取的证据法则，可以是这个光谱上的任何一点，即使是最左边的一点，也可以成为定罪的依据——秦桧认定岳飞有罪，证据是“莫须有”！

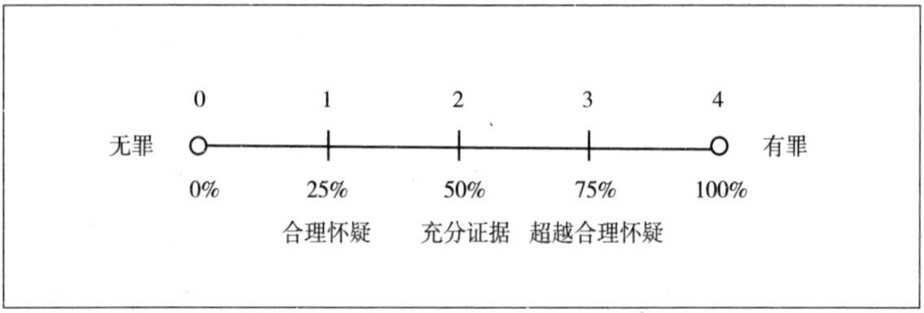

图十二　证据法则的光谱

利用这个光谱，还可以在有罪推定和无罪推定之间，建立起一个“对偶命题”（duality thesis）。具体而言，无罪推定原则加上一个特定的证据水平，可以找到对应的有罪推定原则加上一个特定的证据水平。譬如，“无罪推定原则加25%的证据水平”（只要有合理怀疑，就可以判罪确定），等于是“有罪推定原则加上75%的无罪证据”（除非有超越合理怀疑的证据证明无罪，否则就是有罪）。或者“无罪推定原则加上75%的证据水平”（除非有超越合理怀疑的证据证明有罪，否则推定无罪），等于是“有罪推定原则加上25%的无罪证据”（只要有25%合理怀疑无罪的证据，就推定无罪）。更进一步，无罪推定原则搭配不佳的证据法则，还比不上有罪推定原则搭配较好的证据法则。譬如，“无罪推定原则加上合理怀疑证据法则”（只要有25%的有罪证据，就可以判定有罪）和“有罪推定原则加上优势证据法则”（必须有少于75%的无罪证据，才能推定有罪），两者之间，高下立判。

因此，虽然无罪推定原则听起来正义凛然，讲起来虎虎生威，其实需要细究内涵。无罪推定原则和有罪推定原则可以一样好或一样坏，原则本身只是抽象的概念，概念的具体内涵才赋予这个原则真实的生命。由以上的分析，可以归纳出几点结论：第一，在审判阶段，无罪推定原则几乎已是普适价值，但是操作无罪推定原则，关键在于法院所采取的证据法则。第二，无罪推定原则和有罪推定原则之间，可以形成一种“对偶关系”，彼此像是镜子中的倒影，关键是搭配的证据法则。第三，抽象来看，一件事物的意义是由其他事物衬托而出，无罪推定原则的意义，是由搭配的证据法则所烘托。第四，无罪推定原则和有罪推定原则之间，没有必然的高下，到底孰好孰坏，要看法院采纳的证据法则。

无罪推定的场景

对于审判过程中无罪推定原则的运用，有几点观察值得点明。首先，在现代法治社会里，由无罪推定、有罪推定和不作推定几个选项中，选出无罪推定原则作为操作的基准，是较合于情理的。所谓合于情理，是基于几种主要因素：第一，工业革命后，大量生产扩充市场的深度和广度，中产阶级大量出现，经济上的权利诱发了对政治权利（力）的追求。中产阶级的利益，逐渐反映在法律和司法运作上。第二，经济条件的变化改变了上层建筑，人权思想勃然而兴，沛然莫之能御，导致对人权的保障。第三，纯粹从成本效益而言，公权力拥有的资源远超过渺小的个人，对被告个人的保障使得法庭内的竞争较劲平衡一些。长远来看，有助于政治稳定和社会和谐。这三个因素，都和有罪推定及不作推定格格不入。

其次，在审判这个阶段，最重要的目标，就是经由审理论对的过程之后，判决被告有罪或无罪。和搜捕及侦讯两阶段相对照，审判追求的价值清楚明确，一切的作为，都聚焦在无罪和有罪这个光谱上。以无罪为审理论对的起点，以无罪推定为操作的原则，所涉及人力物力的投入，是现代法治社会所堪负荷的成本。而且，法庭是一个特定的场所，安全戒护等措施相对周全。即使是已受羁押的被告，在法庭中也能卸下手铐脚镣，以一个自由人的身份（至少形象上是如此），面对公权力（检方）的质疑。一旦庭讯结束，又回到关押的状态，无罪推定的精神（和价值）再次退位。原因还是一样：在法庭这个特定的空间里，可以负荷无罪推定的成本；离开法庭，这个成本可能过大，其他价值的重要性可能就凌驾无罪推定的价值。

最后，即使是在审判阶段，即使是在法庭这个高度制约的情境里，无罪推定原则也可能受到限缩——当其他的价值更为重要时。众所周知，随着信息发达和隐私程度增加，证据法则由“谁主张，谁举证”已经发展出一些例外。譬如，财产不明罪，举证责任不在检方，而在被告。又如，在某医疗官司中，举证的责任也可能转移到被告身上，至少在精神上，这是直接抵触无罪推定原则。然而，如同前面一再强调的，刑事诉讼的每个阶段里，追求的价值并不一致，操作时的取舍，最终还是基于成本效益的考虑——追求某些价值的成本太高时，就值得调整后先次序，先保险或实现其他的价值。

延伸思考

成龙的电影结束后，通常有一段“集锦”，以许多短短的画面回顾拍片过程中的点滴。在此将由不同的角度，回顾前面的论述，并且在分析方法上，以小见大，提出几点一得之愚。

分析技巧

前面分析的重点是无罪推定原则，在论述时，主要采取两种分析技巧：逻辑和成本效益分析。

首先，是逻辑。简单地说，逻辑就是符合一般的常情常理；严谨地说，逻辑是符合目前学术主流解释事物的共识。逻辑不涉及价值判断，但影响分析的严谨与否。具体而言，前面的分析里，有许多论点纯粹是逻辑的运用。譬如，无罪推定原则之外，不只是有罪推定原则，还有不作推定原则等。还有，狭义的无罪推定原则只适用于审判阶段，因为只有在审判阶段才有“被告”。此外，既然有狭义的无罪推定原则，当然对应的有广义的无罪推定原则。而且，在审判阶段，无罪推定原则的关键是法院所采取的证据法则。另外，无罪推定原则（搭配证据法则）和有罪推定原则（搭配证据法则）之间，是一种“对偶关系”。如此等等。

其次，是成本效益分析。在前面的论述里，一旦涉及社会现象或司法运作，分析上往往采取成本效益分析。譬如，无罪推定原则逐渐成为普适价值，和工业革命、大量生产、中产阶级扩大、利益集团重组等因素密切相关。还有，在刑事诉讼不同的阶段里，着重和追求不同的价值（搜捕阶段找嫌犯、侦讯阶段找被告、审判阶段找犯人），背后的驱动力都是成本效益的考虑。最后，当其他价值重要性更高时，无罪推定原则自动退位（羁押制度、审判中由被告负举证责任等）。法学论述里往往以“法益”这个字眼反映价值的轻重，经济分析一以贯之，就是晓白明确的“成本效益”。

分析方法

在传统或一般的法学论述里，往往以概念为出发点。概念的基础，是来自于信念（道德哲学）。譬如，对无罪推定原则的推崇。然而，这些概念本身是人类社会演变过程中的产物，背后有现实条件的支撑，也会受到这些现实条件的影响。以概念为起点，往下分析，只是故事的一半，完整的故事必须能掌握概念本身的来龙去脉。而且，不是以“人权思潮”“启蒙运动”这些抽象、概括性的字眼为满足。因为，掌握概念过去的现实条件基础，才能掌握概念在当下的意义，以及未来变迁的可能方向。

另一方面，法学论述涉及诸多价值的冲突和取舍。譬如，刑事诉讼追求的价值，在大陆是两大目标：保障人权、打击犯罪；而台湾地区的目标则是：发掘事实真相、践行法治程序，以及维持法的和平性。那么，当这些目标彼此冲突，该先追求何者，又要先放弃何者？单纯的信念或道德诉求，显然说服力有限。法学论述需要的，是一套能说服自己、说服他人、以证据为基础的说辞（理论）。譬如，在搜捕、侦讯阶段，为什么无罪推定原则未必是首要目标？现代法治社会里，羁押制度和无罪推定原则并行不悖，为什么？

当代法学宿儒波斯纳尝言："对公平正义的追求，不能无视于代价。"（The demand for justice is not independent of its price.）对于处理价值之间的冲突，这句话指引了一个明确的方向。当然，这句话背后所凭恃的理论，更值得深究。

结论

经过长时期的发展，刑事诉讼程序中的无罪推定原则已经成为现代法治社会重要的理念之一。本章是在前人研究的基础上，对这个原则继续深耕和细耕，以放大镜般的视角，仔细检验这个原则。有几点发现，为现有文献添增了一些智慧：无罪推定原则有广义和狭义之分，在搜捕和侦讯阶段，无罪推定原则适用的程度有限；在审判阶段，无罪推定原则的实质效果其实要看法院所采取的证据法则。

由本文的探讨，也触及了法学研究的根本问题：当价值之间发生冲突时（践行法制程序和探索事实真相、保障人权和打击犯罪、无罪推定和羁押嫌犯等），如何取舍？哪一种分析方法较有说服力？这些有趣而有意义的问题，将是智识之旅未来的新课题。

参考书目

① Ashworth, Andrew, "Four Threats to the Presumption of Innocence", *International Journal of Evidence and Proof*, 10: 241–279, 2006.

② Lester, Joseph L., "Presumed Innocent, Feared Dangerous : The Eighth Amendment' s Right to Bail", *Northern Kentucky Law Review*, 32: 1–65, 2005.

③ Pennington, Kenneth, "Innocent until Proven Guilty: The Origins of a Legal Maxim", *The Jurist*, 63: 106–124, 2003.

④ Tadros, Victor, "Rethinking the Presumption of Innocence", *Criminal Law and Philosophy*, 1: 193–213, 2007.

结语

苟日新，日日新

关于这本书的内容，可以稍稍补充说明。书中有一小部分材料，是由我过去的著作截取而来。这么做的原因有两点：一方面，知识是累积而成，本书的新见，是在过去的基础上往前推进。另一方面，运用已有的某些资料，可以更完整充分地呈现本书所论述的主题。

此外，除了正文的十四章，本书后面还添加了两个附录。附录里所描述的，是我近年来活动的一些轨迹。这些描述，可以和本文的各章彼此呼应，烘托出这些章节在时空中的意义。十数年后回头看，本文和附录的内容，相信会衍生出不同的意义。

本书中的某些章节，曾经发表在不同的刊物上。其中有几章是合作，我特别感谢合作者的同意，保留他们所撰写的部分：乔岳、郑观、徐伟、傅雨晞、程磊、李志刚、南宝龙。为了增加可读性，全书文稿经过润饰，脚注全部移去，或融入本文。绝大部分的参考文献也去除，只保留最关键和最有启发性的几篇，供有兴趣的读者按图索骥。

感谢王泽鉴老师再次赐序，由书中直接间接的身影也可以看出，王老师确实是两岸法学第一人。史晋川院长从以文会友到为大陆版慷慨作序，情谊可感。台湾“司法院”副院长苏永钦教授和“法务部”政务次长林辉煌博士，都是多年的诤友畏友，他们也愿意推荐本书，这充分地说明了：面对法律经济学（者）的张牙舞爪，法学界可以从容优雅、泱泱大度，谈笑风生以待。最后，书成之后，我特别请李志刚（人民大学法学博士）和刘承愚（台湾政治大学法学博士），从头到尾全部看过一次，避免有法学上明显的错误。如果还有明显的错误，他们要承担主要责任，不是疏忽就是故意！研究助理曾玫烨多年来的支持，我深深感谢。

最后，我曾推动了四个冬夏令营和特别营，在每个营开始的三周前左右，我会利用微信群，每天提出一句智慧结晶，名为“一日一句”。当然，在营前，这些警句引发了多种反应。然而，一再有参与者告诉我，活动结束之后再看一次，更能体会这些警句的精义。对于读者而言，也希望能在看全书正文前、看各章时和看完全书后，琢磨一下这些短句。无论赞成与否，相信都能激发一些有趣的思维。

2015 年 11 月 15 日于杭州

一日一句

第一句：先了解社会，再了解法律。

第二句：让证据说话，因为多言无益。

第三句：夏虫不可以语冰，因为武器配备不足。

第四句：道理最好浅中求，因为真佛只讲家常话。

第五句：有意见是一种态度，有内涵是一种深度。

第六句：知识是一种力量，无知也是。

第七句：我们处理过去，是为了未来。

第八句：选择性记忆（selective memory），是处理过去；选择记忆（selecting memory），是处理未来。

第九句：革命不是请客吃饭，改变政权是如此，改变思维亦然。

第十句：人是环境的动物，因为人是成本效益的动物。

第十一句：弄斧要在班门前，因为独门武功不是武功。

第十二句：吃鱼先吃鱼肉，不要尽找鱼刺。

第十三句：黔驴会技穷，是因为演化的环境太过简单。

第十四句：信念（beliefs）和事实（facts）之别，就是规范（normative）和实证（positive）之别。

第十五句：细节里住着魔鬼。要处理细节还是魔鬼，是功力所在，也就是成本效益的拿捏所在。

第十六句：法律的功能，未必是追求公平正义，而主要是处理价值冲突。

第十七句：法律即规则，规则即工具，概念也是工具。工具要选好的用，概念亦然。

第十八句：道德不是来自于圣人哲王的提携教诲，而是来自于市井小民的自求多福。

第十九句：信念最好立基于事实，而非想象。公共政策最好立基于事实，而非信念或想象。

第二十句："为了正义，可以天崩地裂"，是信念而非事实，是文学世界里的法律。

站在逗点上之一：回顾半个世纪的轨迹

从小开始，在不同的阶段里，常要针对“我的志向”“人生目标”等为文；中年之后，偶尔会应邀，回顾已过半百的人生。虽然目的旨趣不同，每次落笔总有一种特殊的情怀，要诚实面对自己。

人子人夫人父

随着年龄的增长，对往事的回忆和解读似乎一直在蜕变。我一向认为，在公教家庭成长，有四个兄弟姊妹，非常平凡无奇。然而，我渐渐发现，其实并非如此。

父母都是战乱中成长，他们在大陆有一面之缘，到台湾之后重逢，都是来自河南，终于结为夫妻。在台湾，他们有同乡，但是没有亲戚。从小到大，我们的叔叔伯伯都是父母的朋友，而不是血缘上的亲戚。因此，堂表姑姨等，就我而言只是课本上的名词，从来没有在生活里真正出现过。等到自己结婚生子，儿子有了双方的亲戚，对于伯舅姑姨他顺口而出，我却总要斟酌一下。

父母都从事教育工作，因此对子女教育很重视。家里博士很多，可能也算是一点特色。兄弟姊妹五个人，都得到博士学位。2000 年母亲节，母亲得到台湾吉尼斯世界纪录的认证，是台湾生了最多博士的妈妈。父亲退休 25 年之后，于 90 岁高龄考上研究所博士班，如果读完博士，可能超过 94 岁，将是另一项吉尼斯世界纪录。

内人也是博士，因此对小犬而言，从小就面对一堆博士。更何况，妈妈照顾得无微不至，从小几乎是饭来张口茶来伸手，对博士一点都不觉得特别，也就在情理之中。

走向经济学的轨道

虽然我拿到博士学位，并且以教学研究为业，但回想四十年前，似乎不是这么打算的。当时就读台中市大同“国小”，乡土作家刘克襄是同班同学，金龙少棒投手陈瑞钦也是。我的志向，却是踢足球。

每天中午营养午餐囫囵吞下后，就跑到操场上，众人分成两队“厮杀”。周六下午看完电视上的“足球大赛”，又跑到附近中兴大学的操场踢球到天黑。毕业纪念册上，同学们给我的祝福多半是：在足球界大放异彩，为国增光；一脚定江山，足坛发光。如果我一路踢过来，很有可能保送师大体育系。还好，升上“国中”之后，操场离学校很远，读完一年级就能力分班。走上不同的人生轨道，可能原因就是学校里没有操场。

平实一点地说，我对经济学的体会是在完成学位之后才开始。博士论文的主旨，是用数学模型探讨时尚的信息问题。然而，回到台湾开始任教后，发生了一些变化。首先，因为教授财政学，所以接触了布坎南的论述。智识上很受启发，因此有一段时间对“公共选择”（public choice）很着迷。其次，开始教书时正是20世纪80年代末期，台湾正经历政治上的动荡——解除戒严、开放党禁、学生运动——而同事中有好几位投身其中。我不是保皇派，无心于政治，而且认为几位同事有点像《动物农庄》里的假革命。因此，路数不同，形成孤立。每天到研究室之后，就闭门读书，经常是一整天没说过话，傍晚再打道回府。几年时间，静下心来看了不少东西，终生受用。

最后，台湾的生活步调毕竟要比美国慢一些。因此，除了公共选择，我又接触了社会学和法学的文献。经济学自1960年向外扩充，在政治、社会、法学领域攻城略地、大放异彩。虽然我没有躬逢其盛，但是在阅读里跻身其中，充分地享受了智识上的乐趣，也大大地扩充了自己的视野。

心之所往

在多年的教学生涯里，当然有些点滴印象特别深。因缘际会，我曾受邀担任台湾逢甲大学董事，对于一个大型组织的运作有较深入的了解。而且，董事在校园里享受VIP待遇，人见人爱（？），无须当官就享受当官的待遇。另一方面，系上人才济济，

“部长”“阁员”屈指难数，然而仕途未必一路平坦。同事志得意满的神情，我看过；落寞难语的神情，我也看过。

因此，不知不觉中我已经做了取舍。当接到“行政院”副院长的电话，希望我担任“政务官”时，我只考虑了两秒钟——不是接受与否，而是如何适当地表达谢意和婉拒。经过多年的沉吟，我自知不善于人际关系和行政，自己较擅长的是可以独自完成的事，无须和他人求全。

到海外的几次经验，我觉得也很重要。2002 年学术休假，全家到英国牛津大学。儿子上私立学校，《哈利·波特》女主角是高一届的学姐；内人四处看戏，我则浸淫在英国文化的氛围里。相较于华人文化，英国文化未必更为久远，但是虽然历史上征战不休，文化的某种沉淀一直没有中断。因此，在山川建筑、生活举止等方面，都散发出悠久文化的气息。像是窖藏多年的好酒，令人沉醉。虽不能至，心向往矣。留英期间，撰成一本《会移动的城堡》，坊间几无反应，我自认为是稍有内涵的作品。

由英国回来之后，两度接受邀约，到香港城市大学任教。前后待了十三个月，对于东方之珠的风土人情，也有所体会。而后，再利用学术休假，到大陆和澳门多所高校访问讲学。对于两岸及港澳的种种，常常思索，一旦有特别的想法，自然见诸文字。比较精辟的甚至写成论文，发表在国际学术期刊。

自我省察

年过半百，回顾这半个世纪的轨迹，琢磨自己的诸多角色：

老师、经济学者、儿子、父亲、丈夫、手足……依重要性而言，丈夫、父亲、儿子的身份，应该是最重要的。然而，扪心自问，自己在这三个角色的表现可能都不及格。稍稍自在的，是老师和经济学者这两种身份。从任教开始，教学评鉴一向不恶，不止一位同学告诉我，修了课之后决定转读经济。儿子上了我的课之后，似乎对我的敬意稍稍提高一些。

就经济学者而言，多年来我发表的论文，很多是论述布坎南、科斯、贝克等诺贝尔奖得主。因此，智识上对经济学的核心精髓，自认为稍有掌握。这些论述不以数学，而纯粹是用文字处理概念。在身边的学界里，几乎是绝无仅有。既然是特立独行的少数，自然要承担对应的成本。

笔耕弦诵不辍

回顾过去，遥望未来。要当好丈夫、父亲、儿子，希望不大。已经花了几十年都做不好的事，放下屠刀而立竿见影的机会不大。相对地，过去已经有基础的事，值得继续累积。

具体而言，“法律经济学”这个领域在英美早已卓然有成。在中文世界里，虽然有个别的论文发表，却一直没有基础的教材。学科成熟的迹象之一，是有入门的教科书。因此，我希望在未来几年之内，能写成一两本。对于改进华人社会的法学教育，希望能有奠基的作用。其次，多年来曾在台湾《经济日报》《印刻文学生活志》《联合报》《苹果日报》，香港《信报》，大陆《南方周末》等开设专栏。2015 年起再度应邀，在大陆《读书》月刊执笔专栏，针对“法律经济学”这个领域，希望能结合理论和大千世界。虽然不时有江郎才尽的调侃，我自知泉源还没有枯竭，新的理念思维，还是源源不断。希望能继续笔耕，通过文字和大众媒体，宣扬经济思维的精髓和兴味。

和父母那一代的人相比，我自觉相当幸运。他们成长于战乱，经历抗战和内战，颠沛流离，勉强温饱。我们这一代，有机会受好的教育，有机会到欧美先进社会生活求学，更有机会在两岸及港澳自由进出。由所学所想，对于华人文化根本的问题，有机会反复琢磨。在未来的学术生命里，希望能处理经济学和法学的几个根本问题。也希望能在两岸及港澳，为推动“法律经济学”而略尽绵薄。

附录二

站在逗点上之二：向下扎根、向外播种——记法律经济营

缘起

浙江大学法律经济研究中心（http://lec.zju.edu.cn/，以下简称“中心”）于2013年9月成立。这是由校外捐款资助，以推动“法律经济学”（Law and Economics）为主旨的学术单位。成立之后，推出很多项目，而“法律经济学夏令营”是其中最重要的计划之一。

众所周知，芝加哥大学法学院是执世界“法律经济学”牛耳的学术重镇。芝大的“法律经济学夏令营”从2012年7月起举办，为期两周，第一年免费，第二年起，每人收费2500美金。举办以来，成效良好，广受瞩目。因此，芝大的夏令营提供了一个明确的标杆，有为者亦若是。此外，中国大陆本身的学科发展，也值得一提。“社科法学”结合法学和社会科学，由北大朱

苏力教授领军，耕耘多年，成果斐然。可是，参与者多是法学界人士，活动范围多在法学院的数仞高墙之内。另一方面，“中国法经济论坛”由浙江大学史晋川院长和山东大学黄少安院长领衔，已轮流举办十余届，功不可没。每年论坛，冠盖云集，群贤毕至，可是时间稍短，每年的论坛活动只有两天。

在这种内外背景之下，中心决定举办夏令营，为期七天，任课老师以经济学者为主，参加学员以法学院的博士生和老师为主。利用较长的时间，向法学界有兴趣的朋友，较完整精确地介绍法律经济学。目标既定，中心以有限的人力，于 2014 年 6 月 29 日至 7 月 4 日，在浙江大学紫金港校区举办第一届法律经济学夏令营。

第一届、第二届

第一届夏令营顺利完成，学员反应热烈。不止一位表示，在所有参加过的营队活动中，这是最充实而有收获的一次。在这个基础上，中心紧接着展开跨校合作，和天津财经大学“法律经济与公共政策评价中心”合办冬令营。于立副校长（兼中心主任）的团队，细致而高效率，两中心合作愉快，冬令营于 2015 年 1 月 19 日至 26 日，在天津财经大学成功举办。

回头看第一届、第二届夏 / 冬营，有几点不同。首先，杭州营的主题是“法律经济学——初遇”；天津营的主题则是专业化较强的“法律经济学——公平竞争与反垄断法”。其次，第一届学员只有 32 位，全部是法学背景，主要是法学院博士生和老师。

第二届学员扩充至40位，也开始接受经济学背景的学员。法学和经济学直接碰面，有一周的时间彼此认识、论对、较劲、整合。还有，参与的层面向海外持续扩充。课程方面，邀请香港岭南大学林平教授担任反垄断法的课程。同时，邀请台湾“最高行政法院”帅嘉宝法官，利用休假友情赞助，担任辅导员，并且主持讲座、介绍案例，说明如何利用法经济分析，作成判决和写判决书。两届相同的则是充实的课程、小组讨论、议题辩论，以及学员热情而且专注的参与和投入。

冬夏营的特色

冬夏营的一些特色，也值得稍稍描述：在法学界，对法律经济学有很多误解。夏令营里的课程不停留在“科斯定理”“财富极大”“效率”等抽象的字眼，而是一方面介绍经济分析的架构，授人以渔；另一方面直接处理司法案例，法经济能否“逮耗子”，让证据来说话。

此外，学员参与夏令营全程免费，被录取的学员只要自己负担往返交通费用，其余食宿、参观、纪念品等，全部由主办单位承担。而且，营方为每一位学员都买了保险，尽可能做到无后顾之忧。还有，为了确保出席，采取先缴保证金的做法。一旦录取，签承诺书，全程参与，并缴保证金（第二期人民币1000元）。闭营式上，颁发结业证书的同时，退还保证金，并由主办方支付利息50元！没有完成课程的学员，依承诺书：保证金以学员的名义，捐给学员指定的慈善机构。

学员每四人为一组，开营前的两个月左右，就开始写作业，包括个人作业和集体作业。并且，建立微信群，在组内和组际都不断交换信息。在报到的那一天，学员由各个角落登机登车，朝目的地移动，一路微信联系不断，这种景象想来都令人振奋昂扬。

第三届、第四届

天津营闭幕式上，于立教授把象征性的营旗交给南京林业大学经管学院张红霄副院长，完成交旗仪式。南京营在 2015 年 7 月 19 日至 7 月 26 日召开，主题为“法律经济学和环境保护法”。在学员遴选上，增加法官检察官的参与，而且有限度地对律师开放，以邀请报名参加的方式试行。

然而，计划和变化的速度总是令人目不暇接、未必一致。因缘际会，浙江省金华市政法委与中心合作，在 6 月底举办法经济特别营，主题为“法经学和司法实务”。学员 48 人，为金华市的法官、检察官和公安精英。这个极其意外的“插播”，有很特别的含义：既是对中心成果和能力的肯定，更是对法律经济学的肯定。法经济分析不再是期刊论文里的益智游戏，而是能在司法实务中面对考验，“抓住老鼠”。

展望

法学界大体上可以分为两大块：法学院的师生、公检法的从业人员。过去，法律经济学着重在和法学院沟通。然而，由中心所办冬夏营的经验，经济学者无需画地自限。公检法是另一块法律经济学可以一展身手的园地。让证据说话，公检法的考验更能烘托出法律经济学的优势，为法学界人士的工具箱里，添增一套强有力、简单明确的工具。

在既有的基础上，中心将继续和合作伙伴共同举办冬夏营。为特殊群体量身定做的特别营，也是中心努力和戮力以赴的目标。在 2016 年 7 月，中心将和伙伴合作，举办一个以“公安体系”为重点的特别营。40 个名额里，邀请大陆 34 所警官院校，各推派一名精英参加。另外 6 个名额，则保留给港澳台的警察 / 警官院校。关于法律经济营，一言以蔽之：中心只是园丁，把法律经济学向外播种、向下扎根，辛勤耕耘，努力浇水除草，希望早日开花结果。

图书在版编目（CIP）数据

正义的效益：一场法学与经济学的思辨之旅 / 熊秉元 著. — 北京：东方出版社，2018.5
ISBN 978-7-5060-9776-5

Ⅰ. ①正…　Ⅱ. ①熊…　Ⅲ. ①法学—经济学　Ⅳ. ①D90-059

中国版本图书馆CIP数据核字（2018）第064177号

正义的效益：一场法学与经济学的思辨之旅
（ZHENGYI DE XIAOYI YICHANG FAXUE YU JINGJIXUE DE SIBIAN ZHILÜ）

作　　者：熊秉元
责任编辑：王　端
出　　版：东方出版社
发　　行：人民东方出版传媒有限公司
地　　址：北京市东城区东四十条113号
邮　　编：100007
印　　刷：北京汇瑞嘉合文化发展有限公司
版　　次：2018年5月第1版
印　　次：2018年5月第1次印刷
印　　数：1—10 000册
开　　本：880毫米×1230毫米　1/32
印　　张：9
字　　数：194千字
书　　号：ISBN 978-7-5060-9776-5
定　　价：49.00元
发行电话：（010）85924663　85924644　85924641